本地生活學

中国旅游出版社

编创团队

对　　谈：贾云峰　贾听鹂

总体编审：邓　涛　黄蓉蓉

初稿撰写：王雅琼　梅慧珊

装帧设计：崔学亮

内文排版：崔学亮　石海馨
　　　　　郭高祯

我积蓄了一个冬天的情愫

想在春天告诉你们

贾云峰 教授

著名城市品牌策划人
中国智慧经济十大传播人物

担任联合国旅游组织专家、亚太旅游协会中国专家委员会秘书长、中国食文化研究会副会长、中国旅游改革发展咨询委员会委员。

参与打造"好客山东""老家河南""衢州有礼"等城市形象，兼任宾利、华谊兄弟文旅、沙县小吃等大型企业首席品牌官。指导落地现象级作品：轻资产不夜城，引爆流量、创造就业。出版图书 58 本，被国家图书馆等 60 余图书馆收藏，发表论文近百篇。受聘 300 余个地方政府营销顾问，做过 500+ 理论中心组及全员干部培训，年度演讲火爆全国。

贾听鹂

用热爱行走世界，时刻践行将研究成果书写在大地上。

本科毕业于法国奢侈品营销专业，获学士学位。

硕士毕业于英国 MBA，即将就读英国艺术品管理与营销博士。

序

生活本身是方法 生活本身更是目的

贾云峰

我其实天天都陷在焦虑里，越顺利越焦虑。

口号式大跃进远去了，追明星的年轻人长大了，那些盲目建设的景区毫无悬念变成了垃圾场，一些借旅游之名开发的地产也变成了鬼城。疫情不是按了静止键，而是按了快进键，许多城市策划再包装，也被打回原形。山河无语，大地静音。

文旅策划的目的到底是什么？城市品牌的终极理想在哪里？

生活的凸显

城市如同人，有着不同际遇，但最怕没有存在感。过去 30 年，中国城镇化建设取得了举世瞩目的伟大成就。但同时快速扩张而产生的人口膨胀、交通拥挤、环境恶化、资源紧张等大量城市病随之产生。

在这个庞大的国度里，有许多历史名城，它们在历史的长河中闪烁着独特的光芒。但是一些城市在时代变迁中逐渐失去往日的辉煌，成为新时代“失落之城”。

当代“失落之城”主要分为三种类型，分别是产业衰退型、虹吸抽空型和文化封闭型。城市之失，失在衰落、失衡与自闭。当历史的光环褪去，到处都是转型的阵痛和身份认同的危机。

2024 年 5 月 17 日全国旅游发展大会召开，这是党中央首次以旅游发展为主题召开的重要会议，会上总书记提出走出一条独具特色的中国旅游发展之路，坚持守正创新、提质增效、融合发展，统筹政府与市场、供给与需求、保护与开发、国内与国际、发展与安全，着力完善现代旅游业体系，加快建设旅游强国，让旅游业更好地服务美好生活。我国旅游业发展的时代特征，正是全面从“美丽风景”转向“美好生活”。

按照小红书 App 社区涌现“蹲一个宜居城市”“求推荐一个宜居城市”等相关标题笔记，我们发现年轻群体中已经掀起了一股“蹲城市”热潮。他们不再把自己拘泥于北上广，而是主动选择“合得来”的城市。当代年轻人的梦想是“在喜欢的地方，做喜欢的事情，过想要的生活”。

我一直在研究这个市场，可是一直没找到合适的发力点，直到我女儿的出现。

女儿的降临

我在 30 岁有了一个女儿。

当时正在做镇江的文旅策划，特别迷恋南山听鸟的古人戴颙。“携双柑斗酒，往听黄鹂声”，他在招隐寺建了听鹂山房，常和女儿抚琴、饮酒、听鹂，其音乐创作大多得益于鸟儿的歌喉，其中《游弦》《广陵》《止息》三曲成为传世佳作。

听黄鹂整弦，多么浪漫，我来到僻静处，寻石块坐下，发现欣赏鸟鸣是一种别样的体验。南山修篁巨槐，深松数里；古树杂色，浓荫密布；多层次鸟鸣，似阵阵潮涌，跌宕起伏，声声入耳。

我决定给女儿起名“听鹂”，虽然与戴先生相隔千年，却感受到了他在南山筑室听鹂的求真意味。那山禽呖呖，恰似大自然给予人们的奖赏。

时空的导演

她像风儿一样长大了，我却错过了她很多的精彩瞬间。

突然有一天，她就坐在了我对面，告诉我除了“房价、物价、收入、交通、教育和医疗资源”等硬性指标，“水果价格、紫外线指数、方言好理解、当地人包容性”也成为年轻人的具象择城标准。

她说，不同城市营造的生活环境和生活方式迥然有别，人们对所在城市的感情也各不相同，“本地生活”是生长于此地的独一无二。这种“独一无二”的本地生活方式区别于其他任何地方，特殊且珍贵，能够吸引游客专程到访。对内寻找归属感，对外满足好奇心。

时代在进步，一代又一代人参与社会变革，引领社会风潮，为各自的时代赋予精神底色。

我发现，她从小走遍世界的经历是我不具备的，从法国、新加坡，到英国求学，她不习惯用大道理进行说教，更擅长呈现生活的肌理，述说个体的故事。她对我的营销和策划经常有不同的观点，她说怎样把特别严肃的问题用生动的方式说清楚且打动人，并不是一件容易的事情。

她说剔除生活中的“杂”，让自我清晰起来，形塑永不过时的优雅，用导演主义精神，追求时空韵律，打造适合当下人需求的生活方式，正是大家所追求的极致美学。

因此有了我们围绕“本地生活学”的十堂课，本来我是教育她，没想到一直被她教育，她让我更深层次了解我的理念，并通过总结她在世界各国行走学习到的国际经验，也让我重新认识到青年人的力量，这对我来说是一件极其有意义的事。

珍视生命的律动，求索策划的意义，向往平和的生活，是我坚持沉静、严肃地从事文旅策划的永远动因。我欣喜地发现，她有一种逆时间而动的气质，我们投身话题的旋涡，参与喧嚣与躁动，但是在喧闹中，我们并不迷失，力图去伪存真，捕捉时代温度，积极为那些宏大叙事，找到中国文旅，甚至国家可持续发展的解决方案而不倦奔走。

尊重传统，不忘初心。我们无法为这多变的世界提供任何答案，我们只希望可以用理智、专业的视角发现一些问题，尽量找到思想的盲区，创造实际的价值，这是中国知识分子最后的坚守，也是我们可以献给这个时代最珍贵的礼物。

目录

序 1
第一堂课　概念 7
第二堂课　源流 41
第三堂课　危机 69
第四堂课　重构 99
第五堂课　形态 127
第六堂课　融合 155
第七堂课　产业 179
第八堂课　引爆 211
第九堂课　治理 235
第十堂课　未来 251
理论速读 272
参考文献 286

第一堂课　概念

无论如何，人类的一切智慧和知识所要解决的问题都是：人类如何保养自己，如何最大程度地享受生活。

——林语堂《中国人》

课前提要：从学术界最初关于“生活方式”的研究开始，到本地生活学概念的提出，而今“本地生活学”早已不知不觉渗透到新消费、新文旅、新品牌的实际应用当中。在某种程度上引导着人流、物流、资金流和信息流，成为一座城市发展的新风口。

对谈场景：上海安义夜巷

安义夜巷据说是“上海最洋气的夜市”，每个周末，这里都挤满喜欢尝鲜的市民游客。夜幕降临，华灯初上，等待进入夜巷的市民排起四五百米长队，半个多小时后我们终于进入这个突然爆火的网红地。

200 多米长的马路两侧摆满装饰新潮的摊位，精致美妙的文创物品、小巧玲珑的艺术玩具、传统复古的饰品令人目不暇接。街边还有各类亲子游戏设施，一群小朋友正兴致勃勃地挥动高尔夫球杆。我们缓步穿行在拥挤人群，空气中不时飘来阵阵食物的香味。

淄博烧烤代表松弛的人间烟火生活，而当下安义夜巷国际化、时尚化、多元化、精致感的标签代表上海年轻人热衷的生活方式，这让我意识到本地生活其实也可以作为地方文化和旅游资源。

不同的地理环境、历史传统、风俗习惯、宗教信仰决定了人们的生活方式，中国 960 多万平方千米的土地上，不同的城市孕育出多元的生活方式，我们是不是可以从差异化的生活方式之中找到独特性，塑造城市独一无二的旅游形象，从而构建城市的产业未来呢？

带着这些疑惑，我打算跟老爸切磋切磋，听一听他的想法。在人头攒动的夜市旁，我们找到了一家茶馆，开启第一堂课。

从消费角度诠释生活方式

父：好不容易放假了，还想上课呢？我们放松一下，打把英雄联盟手游吧！

女：您……会玩吗？

父：这不小瞧了你爸，想当年我也是G哥一枚，马上下载我们比一局。

女：哎哎哎，你打呀，快跟着我跑，不要站那跟木头桩子一样，两个手都动起来。

没血可以回城，别直冲，看看看又挂了，唉……老爸，你这水平太菜了。

父：哼，我不玩了！这就是你平时的生活常态，不好好学习是吧？

女：嘿嘿，老爸，你可别输不起啊！我这不是谨遵您的“指示”，带您走进我们年轻人的世界吗？

您看，我今天带你来的这条安义夜巷，据说周末不上班的上海人，99%的时间泡在这条街上。这就是我们年轻人的真实生活，“熬最深的夜，喝最烈的酒，逛最嗨的街”。

父：从“过日子”到“过得开心”，这就是你们年轻人追求的生活

方式啊！如今“Z 世代”年轻人已经占据了消费市场的主流，在一定程度上引导了未来的消费趋势。大家普遍认为，只有抓住年轻人，才能抓住未来的消费市场，因此都在研究年轻人的生活方式，通过市场洞察读懂当代的年轻人。

女：是的，比如无印良品打造的是一种生活方式品牌，热门运动品牌 Lululemon 主打“热汗式生活”。传统业态边界不断被打破，很多品牌在品类归属上也变得模糊，所以从消费角度诠释生活方式现在还没有一致定义。事实上，年轻人的生活方式也很难被定义。

父：如果从新消费和新业态的视角难以对“生活方式”进行统一定义，我们可以从社会学的理论研究中找到一些思路。关于生活方式的研究是从 20 世纪由西方世界开始并主导的，可以分为两大阶段。第一阶段是 1899 年凡勃仑在《有闲阶级论：制度经济学研究》中提出“休闲生活是社会差别的标志”“应当从消费角度诠释生活方式”，自此开启了“生活方式”相关课题的研究。

1924 年，社会学家韦伯在《经济与社会》第 2 部第 4 章中论述了身份群体与阶级，主张地位群体是按产品消费原则划分的，从而形成“特有生活方式”分类，进一步完善了从消费方式上认识生活方式的理论。

第二阶段则是 20 世纪 70 年代后，“生活方式”逐渐转向哲学化研究，其代表为哈贝马斯在《交往行为理论》中提到的，“生活世界就是普通人生活的平凡世界，是交往关系的共同语境和共识基础，是自给自足的独立介质，通过交往对话和协商形成交往合理性，维系社会的整合和稳定”，这也是哲学人本化趋势的一个重要理论进步。

而布迪厄在 1987 年《区分：判断力的社会批判》中用他独创的“场域”和“惯习”的概念，研究人的社会性，从消费模式研究人的生活方式。

自此，西方对“生活方式”的研究与消费模式紧密联系在了一起。

同时，伴随西方兴起了未来学探索，以科学技术进步的视角考察生活方式的变迁成为生活方式研究的另一热点，早在 1964 年罗马俱乐部就发表了题为《增长的极限》的报告，认为资源瓶颈导致现有的生活方式是不可持续的。

1996 年，布达佩斯俱乐部发表了《第三个 1000 年：挑战和前景》，进一步分析了生活方式的深刻变化，提出“创造哪一种世界”的问题，意识到问题的关键可能在于文化和价值观念的选择，而近年来，基于技术进步和互联网冲击，该类讨论和观点更是层出不穷。

女：那么国内的相关研究是如何起步的?

父：国内对“生活方式”的研究始于 1981 年于光远发表的《社会主义建设与生活方式、价值观和人的成长》及王玉波撰写的《要重视“生活方式”的研究》，当时研究着眼点放在国家转向以经济建设为中心后，正确解决生产和生活的关系。

而将生活方式研究归属于社会学的研究域，则是王雅林在 1995 年发表的《生活方式研究评述》中提出的，该文用唯物史观探索生活方式的基础理论概念和基本原理。

通过对国内外研究成果的梳理，我认为虽然“生活方式”在中国是尚未厘清的研究命题，但在马克思主义哲学中，已明确提出过关于“生活方式”的来龙去脉，可以从中获取符合现代社会发展的定义及要素。

马克思认为，生产方式决定生活资料的获取方式及数量，继而依赖生产方式形成社会关系，从而建立生活方式。再者，马克思曾在《德意志形态》中对“生活方式”的载体进行过论述：“个人怎样表现自己的生活，他们自己就是怎样。”

生活方式虽然与文化、社会环境等有紧密关联，但其折射的根本载体是“现实的人”，即有自我意识、有实质性的肉体，才能够是生活方式的体现者。

女：那如何将这些关于理论的研究应用到市场呢？换句话说，对于企业和商家来说，如何打造“生活方式品牌”呢？

父：生活方式实际上就是以“人”的生活表现为研究核心的社会类学科概念，是现实的人在自我意识和价值观引导下，在生命周期内，做出的实践行为。

当同类型的社会关系阶级足够大和足够细分，就形成了圈层，以及圈层所映射的生活方式，而代表着该类圈层人群价值主张共性，并能够完成其圈层成员生活行为渗透的品牌，则可以称为“生活方式品牌”。

社会变迁塑造生活方式的年代差异

女：比如，这间茶馆其实也在向消费者提供一种中式的生活方式，装修古朴雅静，除了传统茶叶，还有奶茶和创意茶，正好可以满足我们不同的选择。纯茶和奶茶就好像我们两个年代之间的两种生活态度，那么老爸，您怎么看我们两代人对生活的理解呢？

父：那得从我们成长的时代和人生经历说起。我们“70 后”这代人经历过中国从计划经济到市场经济的巨大变革。童年的成长过程普遍充满挫折，到了青少年时期，赶上国家改革开放经济腾飞的重大趋势，我们才开始有了比上一代人更好的生活，也有机会亲眼见证许多新行业和新领域的崛起，并且开始去关注健康和生活品质，追求更加有意义的生活。

“70 后”是计划生育的最后一代，后面的“80 后”就开始进入独生子女时代，所以“70 后”多数都有兄弟姐妹。这一代人从小集体意识和团队精神就很强，在小学受到的教育依然延续传统的教育方式，如宣扬集体主义、见义勇为等优良品质。这与后来的“80 后”一代人就有很大不同，“80 后”和“90 后”的自我意识更强，他们也不会只追求现实社会中的社交关系。

在生活理想方面，“70 后”与“60 后”相比，整体更加务实一些。“70 后”的中学教育时期在 1985—1990 年，这个时期是我们国家政策最为动荡的时期，发生过反对自由化、价格闯关、物价上涨、反对和平演变、东欧剧变、苏联解体等社会经济大事件，中国经济体制也由计划经济转为商品经济，再转为市场经济，我们经常跟不上形势，有时候学校的课程还没开始上，就宣布课本已经过时了。青少年时期是初步形成人生观和价值观的关键时期，这一段特殊经历给我们“70后”这代人烙下一个普遍的价值印记，就是更加相信变化，不去迷恋权威。“60后”身上还可以看到很多理想主义的影子，但是“70后”的身上很难再看到这些，在生活理想和生活信仰方面，“70后”会更加务实。

等到我们上大学的时期，也就是在1990—1995年，我们国家逐渐确立了市场经济的发展方向，社会经济开始迅猛发展，各行各业需要大量人才。在1999年大学扩招以前，考大学真可谓是千军万马过独木桥，大学生还是极其稀有的，也不像现在的大学生会担心找不到工作。“70后”考大学不容易，毕业后也不再包分配，基本上实行双向选择，市场经济带来的社会整体导向有一点“向钱看”的意思，当时很流行下海经商，不少大学生涌向了沿海地区、发达城市和效益好的企业。

在20世纪90年代后期企业改革，国内出现了下岗潮，大量国企职工面临失业再就业难题，对“50后”和“60后”的挫伤比较大，“70后”刚参加工作，没有受到太深远的波及。1997年亚洲金融危机，1999年美国轰炸中国驻南斯拉夫大使馆，在国内掀起一次爱国主义热潮。这些特殊历史时期的重大事件中“70后”都是亲历者，正因为经历过太多改革的阵痛，“70后”会习惯用批判的眼光看待社会。

在接受新事物方面，“70后”的心态更积极更热情，学习能力也很强。在 20 世纪末期进入 21 世纪以后，国内迎来第一次互联网热潮，我们这一代人在那时候有了一定的经济基础，能买得起电脑，也正处于年轻充沛的时候，学习新事物的热情和能力很旺盛，可以说是国内第一时间拥抱互联网的人。其实不只是互联网、电脑，还有流行歌曲、手机等，“70 后”都是第一波尝鲜的人群，基本紧跟时代的脉搏。

我们这一代人对生活的理解更多来自生命的实践和经验，更相信实干的结果，思想观念介于保守与开放之间，不会轻易受到外界声音的影响，当然在生活方式上也比较勤俭节约，务实高效。

女：我看过一篇报道，媒体对“00 后”眼中的各个年代“前辈”的印象做过采访调查，在“00 后”的眼中，“60 后”热情朴实、经验丰富，但有点顽固；“70 后”的学习和接受事物能力很高，忧国忧民又望子成龙；“80 后”随和乐观、心态年轻，见多识广，比较现实，但工作压力较大；“90 后”是活泼可爱的主力军，比较幽默，对于压力看得开，颇会安慰自己；“00 后”则给自己的定位较多的是“自信”“极具个性”“创造力十足”。

我们“00 后”出生在互联网时代，成长于物质生活和文化生活愈加丰盛的 20 年间，更倾向于生活品质的提升与美好生活的追求，更看重个人的感受，乐于尝试有故事、有灵魂的新事物，会为了更高品质的娱乐内容消费，也愿意为提升自己的体验感而付费。

父：每一代人因青少年时期的成长环境不同，在观念和行为模式上会有明显的差异，按照生命历程理论[1]所说，在同一个时期内出生的人，其出生时代背景相似，受教育状况相近，会在价值观、生活态度、行为方式等方面呈现出一些具有代表性的特征，同时社会变迁给不同的出生队列打上各自时代的烙印，社会变迁越剧烈，该队列在相同年龄阶段与其他出生队列的差异也越大。从年龄分层理论[2]看，每一个社会成员都会经历生命过程与社会变迁这两个方面相互交织影响，使得个体归属于不同的社会年龄阶层。

社会变迁会受到环境、人口、社会制度、社会价值观念、生活方式、科学技术、经济等因素影响，不断的社会变迁必然带来生活方式的变革。生活方式就是人们在一定价值观念的支配下，为满足需要而在各种生活领域中进行活动的行为习惯，生活方式反过来也会影响社会的变迁。

我们刚刚聊到不同年龄群体的生活观念和行为习惯的不同，其实生活方式在不同的城市之间也会迥然有别。城市与城市之间的地理风貌的不同，加上中华文明各时期、各区域发展脉络和社会经济条件的差异，导致了不同城市人的性格特征和城市情感各不相同，正因为这些差异的存在，每一片大地上孕育出的思想情感和生活方式都是独一无二，特殊且珍贵的。

---

1 生命历程理论（life course theory），来自芝加哥学派对移民的研究，是国际上正在兴起的一种跨学科理论，它侧重于研究剧烈的社会变迁对个人生活与发展的显著影响，将个体的生命历程看作更大的社会力量和社会结构的产物。生命历程理论的基本分析范式，是将个体的生命历程理解为一个由多个生命事件构成的序列，同样一组生命事件，若排序不同，对一个人人生的影响也会截然不同。

2 年龄分层（age stratification）是指社会依据年龄将人口分隔成若干层次并相应规定各年龄层的角色、权利、义务和机会等过程。年龄将人口分隔为若干年龄层，每个年龄层都有与其相适应的一组角色、权利、机会、责任和义务。

年轻人选择城市是在选择一种生活方式

女：最近和朋友出去玩，学到一个新词叫“蹲城市”，指的是年轻人通过网络发帖广纳意见或是通过四处旅游亲自感受一座城市的生活，以此来寻找一个宜居的城市去生活。这种“蹲城市”的需求在很多自由职业或想逃离北上广的年轻群体中比较广泛，在小红书、哔哩哔哩平台上有很多博主分享亲身经历，吸引很多粉丝讨论。

有些调查机构也把年轻人“蹲城市”作为研究主题，进行过一系列网络调查，在2022年《“蹲”个城市：年轻人选择城市新需求洞察报告》中显示，年轻人选择城市的动因，有一半跟生活需求相关，如便利度、包容性、美食、烟火气等。可见年轻人共同关注的主题就是生活方式。

在这份报告中，排名前20的城市分别是长沙、昆明、成都、珠海、南宁、大连、无锡、重庆、贵阳、青岛、苏州、西安、厦门、沈阳、佛山、泉州、广州、天津、宁波和惠州。四大超一线城市只有广州勉强上榜，而排名第三的成都，近10年来常住人口增加600多万人，是诸多新一线城市中人口净流入最多的城市，“蓉漂”取代“北漂”成为新时尚，这离不开公园城市建设、场景营造更新的共同作用，更离不开成都“巴适”生活的吸引力。

我在美国去过得州奥斯汀，这也是一座以生活方式著称的城市，是美国最具活力的城市之一，人口连年增长，被福布斯评选为“最适合年轻职业者的城市”。奥斯汀建设绿色城市（连续 12 年当选美国树城），发展科技创新，但最吸引年轻人的还是有着“世界现场音乐之都”称号的城市文化生活。

父：你的这些例子都很典型，不仅是年轻人主动寻找向往的宜居城市，国家政策层面上也提出了创建青年发展型城市和青年友好型城市的战略要求。

2022 年中央宣传部等 17 部门联合印发《关于开展青年发展型城市建设试点的意见》，提出要围绕促进青年高质量发展，让城市对青年更友好。着力优化青年优先发展的城市规划环境；着力优化公平且有质量的青年发展型城市教育环境；着力优化激励青年施展才华的青年发展型城市就业环境；着力优化保障青年基本住房需求的青年发展型城市居住环境；着力优化缓解青年婚恋生育养育难题的青年发展型城市生活环境；着力优化促进青少年身心成长发展的青年发展型城市健康环境；着力优化有效保护青少年权益免受意外伤害和非法侵害的青年发展型城市安全环境等要求。

女：国家政策提供保障是基础，但是在新发展模式下，城市如何持续地吸引年轻人是一个系统工程。在我看来，青年发展型城市要想吸引年轻人才，至少要解决三个问题，如何以生活方式吸引年轻人，如何用城市特色留住年轻人，如何借城市产业成就年轻人。

父：那在你心中，一座城市具有哪些特点才能吸引你们年轻人去生活呢？

女：城市构建吸引年轻人的生活方式，仅有空间还远远不够，只有内容的成功才能产生吸引力，而烟火气无疑是有效的抓手。烟火气这个词，本是形容家家户户灶台上蒸腾的袅袅炊烟，之后也代指衣食住行、柴米油盐等琐碎日常。虽说琐碎，却能体现生活最有温情的一面。城市的吸引力不在于有多少现代化的高楼大厦，而在于所展现出来的无穷魅力和烟火气息。人间烟火，是城市应有的气度和温度。要说烟火气，必须提街头美食绝对是一座城市的一张名片，如今越来越多的人出游选择目的地也不只是考量美景、酒店，美食也成为必不可少的理由之一。

父：人间烟火气，最抚凡人心。用城市生活的烟火气打动年轻人，除了美食，还有一个抓手就是夜市，一座城市的绝妙之景就在于夜市。可以说，有了“夜”不一定能抢到年轻人，但是没有“夜”则一定抢不到年轻人，夜生活是年轻人生活中不可或缺的必需品。

女：是的，夜经济也少不了美食，但成就夜经济并不在于吃什么，而是如何吃出烟火气。日本有个“穿在东京，吃在大阪”的说法，大阪的美食中心道顿堀是城市夜经济的代表，也是年轻人前往大阪的必到之处。

道顿堀以高密度的形式，打造河道两岸餐厅外墙上的霓虹灯带，结合滨水慢行步道和夜间景观改造，共同组成魅力化的美食环境，而不是主打一类美食。其次是满足食客的餐后期待，在美食环境基础上，允许商家在河岸两侧开展各类商业活动，将滨水区营造为活力中心。引导食客们进入周边历史街区漫步，体验区域的文化魅力。可以说，道顿堀的夜经济是以线带面，通过区域内的联动，营造出魅力化的烟火气。

这两年流行的夜色 Citywalk 也是城市发挥魅力的最佳手段。例如，日本京都，有 4000 多座古建、2000 多座寺院，如此高的历史建筑密度非常适合 Citywalk，但是绝大部分古迹夜间停止营业，这影响了城市夜经济的发展。

位于京都的东山区是历史文化遗迹密度最高的区域，有祇园、清水寺、八坂神社、三十三间堂等。但同时，该区域也是京都老龄化最严重，人口下降最快的地区。为了增加区域吸引力和活力，东山区通过两方面努力，形成吸引年轻人的夜色 Citywalk。

父：夜色 Citywalk 具体都做些什么呢？

女：京都的夜色 Citywalk 有两大特色，一是夜游老传统，虽然历史古迹无法在夜间开放，但传统夜生活可以。例如川床（夏季平台架于水上，借助下方水汽解暑）是传统的夜间消暑形式，每年 5—10 月东山区在鸭川上恢复了这个传统，形成 90 多家川床料理店组成的夜色漫步区。

二是夜探老手艺，在老城区的商业业态上，重点突出本地特色的瓷器、熏香、点心等“地产地销”的伴手礼，借助商品展现区域的文化属性。

父：城市的烟火气，是鼎沸的人气，是旺盛的商业气，是老百姓生活里有滋有味的喜气，也是一座城市的底气。

女：溯其根本，烟火气来源于深厚的历史文化底蕴，来源于百姓宜居宜业的幸福感，来源于一座城市每一个细节处对人的尊重与关照。有烟火气的城市，才称得上是“人民城市”。

父：我们的城市在追求高速发展的过程中会忽略甚至破坏掉一些老街区、老建筑和老味道，现如今很多大城市高楼林立千城一面，能留住烟火气的一、二线城市无论在吸引人才还是吸引游客方面，都已是标杆地位了，如果能给更多城市管理者提一些建议，你从年轻人的角度看应如何保护好城市的烟火气呢？

女：我认为城市政府要采取一系列措施去蕴养、激发城市的烟火气，让它成为城市的一张生动名片。

烟火气需要“文明味”。城市管理者应当拿出“绣花功夫”，切实提升管理水平，通过规划开放区域和时段、解决商贩实际经营难题、制定规范性制度、宣传卫生知识等举措，让烟火气更为旺盛；从业者要诚信经营、公平竞争，物美、价廉、安全、卫生是“标配”，只有良好的商业氛围才能吸引更多的顾客；而广大消费者，也应承担起文明市民的责任。

烟火气还应有“文艺味”。街边撸串，一首首经典老歌悠然响起；夜游赶集，一折折民间小戏轮番上演……有亲友相伴，有人情在心，听歌品戏，别有一番滋味在心头。

看得见、摸得着、真实可感的幸福，才是最动人的烟火气。

案例链接：信阳打造“信阳养生菜”美食品牌

信阳菜是河南省信阳市的一张特色产业名片，是“美好生活看信阳”城市品牌的一抹亮丽底色，它连接着一、二、三产，具有很强的融合性和拉动力。

经过多年的推广打造，信阳菜产业基础扎实，氛围浓厚，信阳菜馆遍布全国 16 省 56 市，品牌辨识度和市场影响力逐年提升，已经成为豫菜的重要代表。

目前，信阳菜已具备了在“十四五”时期高质量发展的各项基础条件，大力发展信阳菜产业，对促进创业就业、消费升级、全域旅游和乡村振兴具有积极意义。

2022 年交旅文创指挥部办公室召开信阳菜产业高质量发展专班专题工作会议，工作专班的成立，标志着信阳菜产业的发展进入快车道。

会上提出信阳菜产业高质量发展专班将着力推进以下重点工作和重点项目：出台《信阳菜产业高质量发展实施意见》，创建中餐康养美食地标城市，打造“食尚信阳”公共品牌及系列子品牌，培育特色信阳菜绿色食材基地，认定挂牌信阳菜品牌示范店和风味店，举办信阳菜品牌创新烹饪大赛，加大“人人持证、技能河南”厨师培训，培育“信菜大师”推进“食尚信阳”和“云龙湖景”美食街区项目，建设信阳菜智能化产业园等多项工作任务。

生活品牌核心是满足消费者情绪价值

女：美国学者威廉·莱泽在 1963 年提出了“生活方式”的营销观念。核心观点是品牌关注消费者需求从消费者的生活方式着手。生活方式决定了消费者的购买动机与行为，品牌建设需要以生活方式为中心。

老爸，我们上面讨论已经搞清楚了什么是消费视角下的生活方式，以及不同时代的生活方式差异，是不是无论一家企业还是一座城市，都可以从提供生活方式的角度去塑造品牌，吸引特定的受众群体，创造品牌的独特竞争力呢？

父：无论是产品品牌还是城市品牌，首先都需要确定目前处于的社会形态。社会形态就是用来描述一定时间内人和人构成的社会状态，既包括了物质生产方式，也包括了建立在经济基础之上的上层建筑，如政治、法律、宗教等具体状态，而这些决定了人的“生活方式”。从人类社会形态发展变迁来看，现代社会已经从“人的依赖性社会”过渡至“物的依赖性社会”。在该阶段中，每个人的生产都依赖于其他一切人的生产；同样，他的产品转化为本人的生活资料，也要依赖于其他一切人的消费。因此“产品”（无论物质性产品或虚拟服务）都需要“消费的价值”，能够“参与消费”，才能够嵌入消费者的“生活方式”。

还有，生活方式品牌的塑造需要体现“人的自我意识”，即“圈层的共性意识”，只有在价值观认同的前提下，才能够出现消费行为趋同，因此生活方式品牌塑造最难的就是如何去精准把握“价值观”，而价值观的提取方法论，恰恰就是马克思对“生活方式”来龙去脉的阐述：生产方式决定生活资料的获取方式及数量，继而依赖生产方式形成社会关系，从而建立生活方式。

女：从“生活方式”的定义考虑，我还要补充一点，如果要塑造一个生活方式品牌，消费研究需要关注的是“全生活场景”的“消费实践行为”。换句话说，就是消费者的全生命周期内、全生活场景下已产生的消费行为。在消费者的生活中，究竟会为什么场景埋单才具备对消费驱动因素的直接指导意义。

父：在国外学习品牌管理许久，你认为如何塑造一个成功的生活方式品牌呢？

女：我认为生活方式品牌有三大成功要素，第一是拥有一个真正的生活观点，能向消费者传达你是什么人，你的三观如何。

第二是占领一个具象的生活场景，能告诉消费者在何处，以及如何表达自己。

第三是不会轻易取得，即为消费者构建令其憧憬的生活状态，而不是对当前生活状态的复刻。

小红书 CEO 毛文超说：“未来所有的品牌都是生活方式品牌。”这句话看上去像鲁莽的定论，但在中国人均 GDP

超过 1 万美元的时代背景下，又显得非常重要。

人均 1 万美元在经济学上是一个关键指标，当一国人均 GDP 突破 1 万美元时，往往会迎来一个文化产业的大发展。例如 20 世纪 60 年代日本跨入人均 1 万美元的门槛，开始出现了第一代的动漫人口，也就是眼下人们熟知的二次元，支撑日本后来一系列文化产业的发展。

人均 1 万美元，是一个分水岭。在达到人均 1 万美元之前，消费的核心是物化属性、功能利益、物理价值；达到人均 1 万美元之后，消费的核心是非物化属性、情感利益与心理价值。

父：那你说的这些对于城市品牌营销方面有什么影响吗？

女：20 世纪 70 年代可以看到是现代品牌崛起的分界线，1970 年前是功能性品牌时代，而 1970 年后是生活方式品牌时代。

正如您所说，在商品稀缺时代，是以商品功能为中心；在商品饱和时代，更多以用户需求为中心，从物质需求到精神需求，从物理价值到心理价值。

人们买一块抹布、一个木桶时候，是把钱花在了物理价值上。当人们买一条牛仔裤时，90% 的钱花在了心理价值上，而如果是买一个奢侈品包，99% 的钱是花在心理价值上。奢侈品主要销售的不是功能价值，而是彰显使用者的价值。彰显价值隐藏着个人身份、品位、地位，这些因素会让人自信心倍增、精神焕发。

在营销角度也会有不同的倾向，传统品牌的营销主要突显功能性卖点，比如王老吉的“怕上火喝王老吉”，六个核桃的“补脑喝六个核桃”，这些品牌在过往营销中将功能作为核心卖点占领用户心智，也就是品牌提供给消费者的是功能价值。当消费者在消费这些传统品牌商品时，也往往出于解决某种具体问题的需求，上火需要降火了，可能就会想到王老吉。

生活方式品牌如茑屋书店的“围绕知识构建生活方式提案”、muji 的“为生活做减法美学”、bosie 的“无性别无年龄”等，这些品牌的共同特点在于不仅能满足消费者某种功能需求，还能通过一种积极正向的价值观，为消费者创造精神价值。

父：这也就是最近流行的说法，叫情绪价值。这种情绪价值，往往赋予品牌新意义，从而在消费者生活中占有一席之地。说白了，消费者买的不再是商品本身，更是商品背后传递的价值观。

女：实际上，生活方式变化的背后，真正的消费升级发生源于人们对于“理想生活方式”的不断探索。我们通过消费来不断寻找与自己想要的生活相契合的事物，以此寻找“自己是谁”，以及“自己活着的意义”。

在新消费时代，几个关键性变化值得我们重点关注：

一是从物理价值转变成精神价值。消费者在物质欲望基本满足后，必然会想要获取更多高精神价值的满足。尤其是年轻消费者，大都没有经历物资匮乏的年代，会更多关注精神价值层面的追求。“对世界友好”“环境友好”“文化自信”“动物友好”“性别友好”……这些都是品牌不能忽视的一些价值观。

二是从功能驱动转变成场景驱动。新媒体和移动互联网技术的发展，使得消费者有了更多获取信息的渠道，以及获取信息效率显著地提升。品牌们有了更多触达消费者的机会，同时也迎来了大量竞争。消费者面临海量的消费选择，使得品牌不得不进一步去挖掘更多消费者的场景需求，提供更多元的价值才有可能从红海中脱颖而出。

三是从傻瓜营销转变成提供内容价值。根据有关数据显示，具有大学文化程度的人口已经超过 2 亿，国民教育水平的提升，一定程度提高了消费者独立思考的能力，这也使得通过传统傻瓜洗脑式营销的品牌和仅凭单一功能价值就能快速获客的品牌变得举步维艰。

四是从交易逻辑转变成经营逻辑。在增量时代，很多企业享受着时代带来的红利，品牌与消费者之间的关系主要聚焦于“交易”。随着存量时代的到来，品牌需要在有限的流量池中不断地去经营用户，经营用户就需要不断与消费者建立和维系关系。

五是从消费到创费。不同于“60 后”“70 后”，年轻消费者在消费上更具个性化，他们不再害怕成为“少数派”，以小众个性“求关注”，“自我觉醒”和“悦己”成为强标签。消费对于他们已不是单纯的消费，是一种创造，消费者从被动到主动，为创造自己独有的生活方式、满足自我启蒙和充实内心而消费。

父：谈到这里，我来总结一下，从消费者视角可以看出，过去大家对于品牌是从“认识到认知”，在选择匮乏、信息获取效率低的年代，消费者完成对于品牌的认知后可能就会发生消费行为。
而现在消费时代处于“从认知到认同”的时代。单凭让消费者知道你是谁远远不足以促使他们完成消费动作，只有取得消费者的认同，才有可能在越发激烈的商业环境中获得更多的生存空间。

案例链接：胖东来

最近一年来，如果在社交媒体上搜“大月饼”“麻辣香锅”“杏仁茶”“烤肠”，大数据通常会给你推荐一个热词“胖东来”，河南省许昌市的一个超市品牌。

即便在工作日的下午，大城市热门景区也冷清休憩的时刻，胖东来三楼的美食城依旧摩肩接踵，无处落脚。各大博主推荐必点的麻辣香锅、擀面皮、杏仁茶、牛奶醪糟摊位前，排队达到了十几人。一家四线小城的超市，怎么就成为大城市人争相奔赴的美食目的地了？

火爆密码之一：无论学识深浅，都能无差别被尊重

胖东来从来不嫌弃任何一个“没见过世面”的顾客，从十几年前起，胖东来每件产品的产地在哪里，衣服裤子进价多少，自己赚的利润多少就都开始清晰标注。对于陌生的外来产品，它也认真指导顾客该怎么用或如何避坑。

食用油区，你会看见“煎蛋小妙招：热油中撒些面粉，油不容易外溅”，硅胶锅铲旁，你会读到“尼龙、硅胶产品不能长时间在油锅内使用”；辣椒区，完整的辣度指南，能让你一目了然“杭椒、

螺丝椒、大青椒和菜椒”的辣度到底有怎样区别；柚子区，一排小字“今日 ×× 品种，糖度实测为 ××”，并附上糖度参考，告诉大家在 8—16 度，是酸甜适口的甜度比，如同知心大姐耳提面命，只为了让你更好享受生活，而不是没有感情的金钱买卖。

火爆密码之二：奇妙的地域依赖和罕见的员工忠诚度

如今，胖东来在许昌共有 6 家综合百货商场，4 家直营综合超市，1 家大型服饰专业卖场，以及无数自有品牌的酒水食品百货商品。唯一伸出的“触角”是新乡市，有两家胖东来综合百货市场。这个从未走出河南，甚至 30 年没进省会的地方商业巨头，共有员工 11000 人，大多数工龄在 5 年以上，12 年甚至 20 年也比比皆是。如此奇妙的地域依赖和罕见的员工忠诚度，放眼整个商业史都是罕见的。

胖东来的创始人于东来喜欢思考欧美福利制度，热爱阅读哲学。于是在他独特性格下，胖东来不仅 20 年坚守“不加班”理念，还雷打不动地过年关门，周二停业，强制员工每年休四周带薪年假。如果员工没有住所，他还可以以极其优惠的价格，甚至免费提供食宿。“以真心换真心”，他认为没有人应该让员工不幸福，所以工资是本地平均线的两倍，年利润的 30% 也会被拿出来分发奖金。

当人们四面八方乘坐飞机或动车前来“朝圣”胖东来，他们并不是真的想知道网红大月饼有多细腻多香软，他们是想好好地感受一顿能让自己不焦虑、情绪稳定的饭菜，即使那只是一顿超市的快餐饭菜，但食物方方面面释放出来的关怀，千金难买[3]。

3《一家四线小城的超市，怎么就成为大城市人争相奔赴的美食目的地？》，风味星球，https://mp.weixin.qq.com/s?src=11&timestamp=1708416435&ver=5091&signature=6hSKEnFTyDzhir0fT7ejJoioGHEnfRatC4*UTVGO6AiOznVSQmJALcaqHON3w8haXifY6dfq99brUe4NUlTx0HvlsnGMujY-UhIBBQCV01z*SunY8asBBK8hG5b5l5Nf&new=1，2024 年 1 月 17 日。

城市需要独一无二的生活美学

父：我们两代人不同的生活背景造就了我们对理想生活的不同选择，一部分人对这些内容的特别追求，就逐渐形成了专门研究人类生活的学科。

目前有一门研究人类衣食住行生活的起源、相互关系、变迁发展和规律的综合性科学，叫“生活学”。它的本质是研究人类生活的方方面面，从衣食住行的文化丰富多样化以及它具有的技术性、历史性、社会性、民俗性、经济性、文化性、科学性等特征出发，横跨自然、人文、社会科学三大领域。

世界上最早对“生活学”开展研究和教育的是日本人，日本教育界基于传统“家政哲学”弘扬的“人间守卫”理念，谋求现代人生活的充实和发展，早于 20 世纪 70 年代后相继在一些大学或短期大学设置了“生活学部”和“生活学科”。

在 20 世纪 70 年代末 80 年代初，国际知名民族学家、历史学家、教育家黄现璠先生提出了“中国生活学”的构想，在中国史学界仍属首倡。

黄现璠先生在深入研究中国古代衣食住行生活后，相继又撰著了《唐代社会概略》《中国发装考略》《吸烟风俗传播考》《饮茶风俗之起源及其传播》《我国服装演变之研究》《食器与食礼之研究》等十余篇专著或论文，具有极大的现实意义。

女：从实实在在的生活过渡到对生活的理论研究也是一种进步。

现如今“生活美学”这一热词在年轻群体中颇受青睐，能体现中国生活美学的元素和风尚开始广泛融入年轻人日常的生活场景当中，例如汉服、美食、茶道、花道、民宿乃至社区规划等，这也是年轻人对中华传统文化和新中式生活的觉悟和向往。

“生活美学”的概念本质上也属于“生活学”的范畴，生活美学是希望用美的生活来提升好的生活，它既是一种关乎审美生活的学问，也是一种追求美好生活的幸福之道。在年轻人的视角下，美好生活其实是两种生活，一种是好生活，一种是美生活，好生活是有质量的生活，而美生活是有品质的生活。

我在国外时就遇到过一个践行生活美学的案例：一个学者到法国，遇到一个扫地工，扫地工邀请学者去参观自己的阁楼，学者在他的阁楼看到所有的地方都贴着他在塞纳河边买来的画，这是一个多么高贵的扫地工！后来我到南方的小镇，走进一个老人家的小院落，被眼前的景象震撼，老人每天都在河边捡漂亮的石头装饰自己的小空间，所以生活美学并不是奢侈品美学，它是我们每个人都能够得到的一种生活方式。

在 2005 年之后，国际美学的最新思潮就是“生活美学”，也就是 aesthetics of everyday life。后来成都也提出了一个口号，叫作“有一种生活美学叫成都”。中国作协副主席阿来作为主编，出版了一本同名书籍《有一种生活美学叫成都》，全方位爬梳了成都生活美学的历史及脉源，浓墨书写当下成都的文艺与烟火，是一本了解中国生活美学的优秀作品。

父：说起成都如今在全国的知名度，主要还缘于成都人的生活态度。成都人有一种独有的散淡、自在又内在的精神气象，是一种既接地气又浪漫的生活美学。有一种夸张的说法：在飞机上听到麻将声，就说明成都到了。成都也正因为它的烟火气息成为热门旅游目的地。

“本地生活学”是全民参与的城市符号

女：烟火气跟美一样，都是一个非常具有主观意识的概念，对不同地方的人而言，对“什么样的生活是美”的标准和定义也不一样，就像每个人吃东西的口味也都不一样。从这个角度来看，只有通过理论层面的研究来达到认知的统一。

父：我曾在2022年专门研究出一个城市文旅新理论——本地生活学，它是指在“城镇化”进程中，以城市地域生活方法论为分析架构，将本地生活方式嵌入更加具体的“产业空间”中进行本地生活产业化研究。目的是超越城市二元的研究范式，探讨解决城镇化背景下的“生活产业化”问题。

“本地生活学”是在地域空间中探讨本地生活方式，强调人的价值观、习俗习惯、生活方式等与本地社会、经济、文化之间的关系结构，重点在于构建地域空间里“生活产业化”系统。

通过归纳总结出“本地生活学”具有四个特征，分别是独一性、传承性、符号性、产业性。

从独一性来看，“本地生活学”是个性与共性的统一，是在一定空间环境中形成的行为结果。相同的环境属性能够驱动人们产生相同的行为习惯，在此基础上本地生活表现出一定的趋同性和独一性。

从传承性来看，“本地生活学”是城镇化水平发展到一定程度必然产生的现象，它是人类需求的产物。它是以区域历史文化、社会经济、民俗习惯等为研究中心，综合多种城市日常生活方式，在区域传承基础上进行的研究。

从符号性来看，“本地生活学”是全民参与的城市符号学，带有一定的日常性、生活性和通俗性。通过研究不同层次、背景、知识结构下人的生活行为习惯，总结成一定规模的行为共性，形成鲜明的情感记忆符号。

从产业性来看，“本地生活学”是将地域经济与生活方式关联分析，重在分析一定地域范围内，围绕居民生活资料供需关系形成的社会关系，强调将人的生活意识和生活行动转化为生产资料，具象化表达，成为产业发展元素和城市吸引符号，带动其他产业协同发展。

女：“本地生活学”的理论研究是在“生活学”的基础上发展演变的，那它有什么区别于“生活学”的研究特点呢？

父：“本地生活学”相较于“生活学”，它具有以下四大特异性：

第一个特点是人本化。“本地生活学”从关注物质到关注人的发展，从人的角度出发思考社会进步。

第二个特点是本地化。“本地生活学”是以本地文化为研究基础，充分突出在地内容，梳理区域历史文化、社会经济、民俗习惯，综合多种城市日常生活方式。它是城镇化水平发展到一定程度必然产生的现象，是人类需求的产物。

第三个特点是生活化。“本地生活学”是以日常生活为研究核心，探索生活背后所蕴含的哲学思想，是全民参与的城市符号学，它带有一定的日常性、生活性和通俗性。通过研究不同层次、背景、知识结构下人的生活行为习惯，总结成一定规模的行为共性，形成鲜明的情感记忆符号。

第四个特点是理论化。“本地生活学”是以学科建立为目的，明确本地生活学作为生活学的理论分支和学科地位。同时，将地域经济与生活方式关联分析，重在分析一定地域范围内，围绕居民生活资料供需关系形成的社会关系，强调将人的生活意识和生活行动转化为生产资料。

本地生活是创造城市价值的新风口

女：“本地生活学”理论的诞生，让我们重新关注到城市的本地生活也是一种生产力，是创造城市经济价值的新风口。

父：没错，这就是研究“本地生活学”的重要意义。人民群众对于美好生活的向往就是本地生活的需求动因，社会各部门提供美好生活服务是本地生活的供给要求，通过本地生活实现城市本地文化的重塑与传承。

本地生活对于一座城市而言，是风物的记忆，风物是一个城市和国家的生活场域，它已不仅仅是一种单一形态，更成为城市的一种综合文化符号，“本地生活学”是将城市风物融入城市居民生活的一种方式。

本地生活是文旅的体验。旅游是真实生活与游客心中理想生活合二为一的快捷方式。“本地生活学”的理论是用一种带有强烈情感回忆的生活方式，打造难以忘怀的地理记忆。

本地生活是细节的感动。一个城市的温度，不应只聚焦在那些光鲜亮丽的事情上。下水道是一个城市的良心，菜市场是城市的关系磁场。“本地生活学”理论聚焦居民生活细节，给予人们日常点滴温暖。

本地生活是青春的活力。“城市是用来涵养年轻人的，不是消耗年轻人的。”年轻人的生活晨光不应被地铁的昏暗所遮蔽，落日时分不应颠簸在公交车里。“本地生活学”重点加强与年轻人之间的联系，认真呵护每位年轻人的梦想。

本地生活是产业的通透。本地化与全球化相对，“本地生活学”是我国构建以国内大循环为主体的“双循环”新发展格局的背景下，强调土产土销的区域经济综合一体化发展战略，蕴含巨大的经济价值。

本地生活是人民的福祉。城市被尊重，不是只靠大项目和建筑物堆砌，还要靠保有独一无二的原住居民生活。“本地生活学”是用本地生活去叙述城市，更能充分体现城市发展活力，更能清晰解析城市历史文明，并进一步关涉城市可持续发展的未来。

本地生活是故乡的招引。一种有故事的城市生活，往往会给人留下许多意蕴深长的空间形象、历史片段和特殊的情感记忆。“本地生活学”汇聚本地人对故乡的情感符号，给人们一个回家的理由。

本地生活是情趣的美学。用匠心把生活中的美好精雕细琢，让每位游客市民爱上隐藏在“柴米油盐”里的艺术，“本地生活学”营造专属一座城市的新生活美学。

女：本地生活也能为城市发展创造更多价值，促进城市发展的转型与升级。本地生活不仅能塑造城市独特的魅力与文化调性，更能带来经济增长的动力，如去成都喝茶、采耳，到天津听相声、看军舰，去吉林滑雪，去顺德吃美食……

可以说，一座城市的本地生活在某种程度上引导着人流、物流、资金流和信息流，也决定着城市的未来。

一壶茶见了底，我和老爸的第一次谈话也进入尾声。

茶馆里暖黄色的灯映照着墙面上一幅仿古画作，仔细看是明代画家文徵明的《惠山茶会图》，与窗外喧嚣的都市夜晚一墙之隔，显得这里格外超然清雅。上海的魅力也正是在于任何人都能在这里找到适合自己的一方天地。

课堂金句

1. 人间烟火，是城市应有的气度和温度。
2. 城市的烟火气，是鼎沸的人气，是旺盛的商业气，是老百姓生活里有滋有味的喜气，也是一座城市的底气。
3. 溯其根本，烟火气来源于深厚的历史文化底蕴，来源于百姓宜居宜业的幸福感，来源于一座城市每一个细节处对人的尊重与关照。有烟火气的城市，才称得上是“人民城市”。

第二堂课　源流

文化和历史直接融入世间万物，或镌刻于石上，或化为人们面庞上的皱纹，或体现在葡萄酒和食用油的香味中，或呈现于波浪的色彩。

——克劳迪奥·马格利斯

课前提要：艺术源于生活，又反过来作用于生活，“本地生活学”是关于人的生活艺术表达。当“以人为本”成为时代主旋律，本地生活学的探索与发现也集中反映城市发展需求，形成以“本地生活”为核心的内循环系统，引领新一轮的城市高质量发展变革。

对谈场景：上海上生·新所

日落时分我们抵达上海延安西路1262号的上生·新所，这是上海近两年的一处网红地，它是百年前上海西区历史的一道缩影，曾是孙中山先生之子孙科、建筑师邬达克及家人、英国作家巴拉德等知名人物在上海的住所，也是驻沪美侨们的休闲娱乐场所，现在是一个国际化的活力文化艺术生活圈。

上海人懂生活、会生活，在鳞次栉比的楼宇中筑街区，还保留着老上海的独特气质。伴着晚霞游逛于园区，这里的百年建筑神韵依旧，整个园区充满着活力、开放、包容的精气神。

在上海众多戏剧节中，上生·新所咖啡戏剧节是上海重要的咖啡文化标杆，一般是两三个演员在咖啡馆实景演出，内容充满了开放性，演员和观众展开互动，给人以沉浸式观演体验。

今天正值第三届咖啡戏剧节开幕，我跟老爸赶上法国最有名望的电影编剧让－克劳德·卡里埃尔创作的《备忘录》戏剧演出，结束后，我们找了一家咖啡馆坐下来。

生活是一门艺术

女：老爸，您刚哈欠打得好标准。您这是瞧不上我们年轻人喜欢的戏剧吗？（偷笑）

父：哈哈，当然不是，这场年轻人的戏剧沉浸体验对我来说很特别。

女：现在年轻人对于戏剧的接受度很高，逛展、看戏剧逐渐成为都市年轻人的日常生活方式之一，尤其是这种“戏剧＋咖啡”跨界新体验。艺术是生命的一部分，审美便是生之本能，通过这些艺术作品，年轻人给自己的审美找到了落脚处。那您是怎么看待艺术与生活的呈现关系呢？

父：俄国唯物主义哲学家车尔尼雪夫斯基在《艺术对现实的审美关系》一书中说，“艺术来源于生活，却又高于生活”。但我觉得艺术应该是生活的一部分。只要善于发现，处处都离不开艺术。同样的，我们也可以用艺术包装生活，让普通生活成为大众接受的艺术。阿贝尔·冈斯也说过，“构成影片的不是画面，而是画面的灵魂”，我认为这里所说的灵魂恰恰指的是生活。

比如凡·高，一个眼中风景异于常人的画家，他颇具奇幻色彩的作品，无不让人置身于一个缤纷梦幻的世界。他笔下的色彩，从未因为生活的种种不幸而变得灰暗，反而越来越明亮，充满了富有生命力的鲜活感。凡·高的系列画《在阿尔的卧室》，描绘的是他搬到阿尔后的住所，让后世看到了这位并不顺利的大师的真实生活。普通的生活，却造就了闪光的灵魂。当心中向往生活的美好，就能看到更鲜艳的世界。

再说莫奈，印象派的先驱，被誉为法国最重要的画家之一。莫奈改变了传统的阴影和轮廓线的画法，以富有创造性的眼光，观察光和色细微的变化。本职虽是画家，但他对待自己的房子，亲力亲为地搞起设计，满园的鲜花，精心配色的住宅，留下一座“莫奈的花园”，在一个世纪后的今天，依然备受追捧。我们在用心感受生活，改善日常细节的同时，它也在反哺着我们。你在国外也接触了很多这方面内容，你对这一块有没有自己的看法？

女：我经常去各种艺术展，国外展很多，从艺术作品里看到不同人的生活，从而选择自己的生活。每个人的生活经历不一样，对生活的态度不一样，于是每个人对同一个艺术作品的观感也不一样，从中吸取到的信息也就深浅不一。这也是为什么有些人隔几年去看同一部作品会得到不同感受的原因。

前几年流行的莫兰迪色将乔治·莫兰迪这位意大利画家带到潮流的风口。看着莫兰迪的作品，身心都会安静下来，混合灰度的中间色、简单重复的静物，孤寂平静从画面溢出，那是画家简朴淡然的生活。在他所处的时代，正值 20 世纪的艺术潮流，许多艺术家四处访学，他却一直待在家乡的工作室画画，一生画作都围绕着他的瓶子和家乡景色。“没有任何东西比我们所看到的世界更抽象，更不真实的了”，因为倾注了情感，莫兰迪发现了普通外表下藏着的美好，画出的静物格外柔和，让人安心，成为价值千金的艺术品。懂得欣赏生活中的普通，成就了生活的艺术。

父：是的。一份意义深刻的艺术作品，摆在婴儿面前，它的意义并不会被理解，同样一份作品，在人生不同阶段欣赏，得到的感触也不尽相同，这正因为生活的经历带给观众不同的心境以及不同的理解能力。我人生中不能离开两样东西，一个是书，一个是电影。人在没见过世界之前，书就是世界的外延，带我们跨出见世界的第一步。见过世界后，书便又成了世界的注脚。

如香格里拉，因为英国作家詹姆斯·希奇顿的著名小说《消失的地平线》为世人所向往，后来这部小说又被拍成同名电影并荣获两项奥斯卡奖，引发了很多人到中国来寻找书中的香格里拉。

客观上说艺术是“理念”或者“宇宙精神”的体现，主观精神说艺术是“自我意识的表现”，是“生命本体的冲动”。从艺术的起源来看，艺术生产是经历了漫长的历史过程才从物质生产中分化出来的。人类最初的艺术品常常同生产劳动实践有着直接联系，只是随着生产力的发展和人类社会的进步，艺术生产才逐渐独立出来，这些劳动产品也逐渐从满足人的物质需要变为满足人的精神需要。

艺术的起源有多种说法，在我国文艺理论界占据主导地位的是“艺术起源于劳动”。19 世纪末叶以来，在欧洲大陆许多民族学家与艺术史家中，就广为流传艺术起源于“劳动”的理论。希尔恩在《艺术的起源》中就曾经列出专章来论述艺术与劳动的关系。

恩格斯说，首先是劳动，然后是语言和劳动一起，成为两个最主要的推动力，在它们的影响下，动物的脑髓逐渐变成了人的脑髓。劳动是艺术起源的根本原因：劳动创造了人（工具和语言）；为艺术的产生提供了前提；在劳动实践中形成人类的文化心理结构，其中包括人的审美心理结构，但又不能完全归结为劳动。但艺术的产生和发展终究来自人类的社会实践活动，艺术是人类文化发展历史进程中的必然产物。

女：我赞同艺术是人类文化发展的必然产物，可能不同时代的艺术的形式会不同，我觉得艺术是人们为了更好地满足自己对主观缺憾的慰藉需求和情感器官的行为需求而创造出的一种文化现象。

艺术，是人们让自己主观上的遗憾，获得最大化的满足，在情感、思想、精神上的行为需要，从而创造出的一种文化现象。生活中的林林总总，都是艺术在单调生活中体现出的人生多彩。优秀的艺术品总能让人震撼，那是因为艺术具有把人“逼入本性”的功能，而这种本性就是寻求个体生命的独立和永恒。艺术既可让人感到一种莫名的忧伤，又能把人推向极乐状态，这是艺术的神秘之处，也是审美的乐趣所在。

父：艺术源于生活，也反过来作用于生活。生活中一些看似平常的东西，一旦融入艺术，经过艺术家的创造性思维劳动，通过审美特征将生活在艺术作品中体现出来。

艺术同样也作用于生活，生活中的“平常”经过艺术家的能动性创造劳动变成了艺术美。事物本身“平常”的性质并没有变，但是作为艺术形象它已经具有审美意义。艺术家们在自己的创作实践中，不断探索和寻找美的形式，从内容出发去选择最恰当的形式以加强美和艺术的表现力，从而使得艺术的形式美日益丰富和发展。艺术的形式可以是多种多样的，表达的内容也可以是形形色色的，但只要有内涵、有精神在里面，那就是艺术。

人类的艺术史证明，艺术绝不能与生活脱节，否则艺术会失去生命的养分与光华，而生活永远是艺术可参照、借鉴和推陈出新的动力与灵感的来源。人类生活因为有艺术的存在，才有了精神世界，思想变得愈加文明、充实，因为艺术的审美观念，在推进着社会向更高的文明层次发展。

女：前两年有一本书叫《显微镜下的成都》，老爸你听过没？我还特意去买了这本书，它集中介绍了成都独特的文化，整本书以街头、茶馆、袍哥、麻将作为具体个案，将目光投注在小贩、茶客、堂倌、瓮子匠、普通市民等小人物身上，还原成都地区的日常生活记忆，细致入微地绘制了一幅中国腹地大众公共生活的生动画卷。

其中《街头》和《茶馆》让我印象深刻，也是因为这两处场所至今仍是成都生活的标志之一。

成都居民把街头变成了日常市场。商人、小贩没有任何限制地在街头出售商品；家族和宗族的古老仪式变成了公共娱乐；夜晚来临，街道又成为熙熙攘攘的夜市……

茶馆对成都人来说是最重要的公共场所之一，同时它也是成都社会变化的缩影，开始是安逸自由生活的象征，同时给卖艺人提供了娱乐就业的舞台，也为游客提供了解本地文化的平台。

以乡愁为线，清晰地整理出一个历史学者在不同时期的关切点，看似“碎片”，实则每一片皆为重要拼图，以小见大。通过这种本地生活的叙事史，发现普通民众充满活力的生活世界及其地方顽强的文化延续性。

父：那我给你推荐另一本书叫《江城》，写的是重庆涪陵的故事，但作者是一个外国人。我们一般习惯从自己的视角观察，很难想到一个外国人竟然写出比国人更深刻的文字。

《江城》中的涪陵，是一个充满人情味的地方，我们在阅读的过程中，会在过往的回忆与现实的交织中，难以自拔。作者笔下的涪陵，既闪耀着光彩，又点缀着瑕疵，让读者沉浸在小人物、小城市的真实世界里无法自拔。

女：这本书听起来很有趣，我觉得对生活简化提炼，才能将其鲜明的色彩外露出来。生活虽然平淡，但是充满待挖掘的艺术感。能够欣赏生活里的每一件小事，每一个小物，就是在发现生活中的艺术。学着虚度一些时间，是生活艺术的入门。

平常的生活与艺术从来不会互相排斥，只要有一颗热爱生活的心，一双发现美的眼睛，以及想要收获美好生活的愿望，每个人都能生活在艺术之中，创造自己的生活艺术。我们希望在生活中发现艺术，在艺术中寻找生活。让每一份普通的生活，都显得那么独一无二。

父：我觉得一般我们所能看到的艺术还是高于生活的，生活是艺术的参照对象，或者说，艺术就是与生活相比较的那一部分。但这并

不意味着二者是相互对立或排斥的。

苏联文学批评家什克洛夫斯基曾提出过一个“陌生化（Defamiliarization）”的有趣观点：在艺术创作中，艺术家需要通过对常识的偏离向观众呈现一种形式上的陌生感，以增加观众感觉上的难度和时长。当代艺术一直在贯彻这种修辞的基本法则，这就给我们造成了一种错觉：艺术是要脱离生活的基本状态的，甚至，艺术总是以一种与生活相反的样式呈现给我们。

如果说艺术与生活存在边界的话，边界就是艺术与生活所要保持的距离感，这种距离感是艺术参考当下的生活所做出的应对性疏离。也就是说，艺术是需要时刻观察生活所提出的问题，并以此谋定而后动的。这就给了我们一种“艺术生活化”的信心：艺术仍然要从生活中获得灵感（更准确地说，是“逃离生活的灵感”），那么，我们就可以把这些艺术与生活相互激发的部分率先提取出来，作为生活中可以被艺术加以放大的有效素材。

女：我不这么认为，我觉得艺术不是高高在上的，而是需要与我们生活融合在一起。对于艺术来说，生活便是根。鲁迅回忆童年的乡土生活，写出了《朝花夕拾》这样的温情诗篇；沈从文依据自己的湘西生活，写出了《边城》不朽名著；张择端描摹北宋市井生活，绘出了传世之作《清明上河图》；蒋兆和刻画战争残酷生活，留下了巨作《流民图》……在我看来，艺术之树要想收获向上生长的繁荣，先得蓄积向下扎根的力量。一句话概括就是，生活给艺术提供养分，艺术为生活增添色彩，艺术离不开生活。

父：这句话说得好，生活确实能源源不断给艺术提供养分。生活是艺术的源头活水，是艺术的无尽宝藏。苏轼在《赤壁赋》里说：“惟江上之清风，与山间之明月，耳得之而为声，目遇之而成色，取之无禁，用之不竭，是造物者之无尽藏也，而吾与子之所共适。”生活就像这样，是一切伟大艺术家的创作源泉。

生活中的酸甜苦辣都是艺术的原材料，生活中的油盐酱醋都是艺术的调味品。

著名美学大师朱光潜先生认为“人生本来就是一种广义的艺术”，提倡“人生艺术化”，即要求人们过“本色的生活”，能充分领略生活的乐趣和富有情趣。

女：是的，生活离不开艺术，艺术源于生活，生活就是一门艺术。通过艺术与生活的接轨，可以丰富我们自身的艺术体验和艺术感受，提高艺术感知能力与创造能力，并学会用艺术的眼光观察生活，享受生活，用艺术的方式表现生活、美化生活、传递生活的乐趣，提高生活的品质。

影视作品重塑人们的第二精神生活

女：老爸最近在看什么剧呢？说到艺术跟生活，最直接表达就是影视作品。有人说电影是戏剧化的人生，它把生活进行了改造，放大了人性，激化冲突和矛盾，把事件集中和故事编得起伏错落了，看一部好的电影是在他人的生活中感受精彩的体验。

但我觉得实际上人生不总是精彩的，电影只是把最精彩的那一部分拿出来给你看，这其实跟旅游相似，就是去不同地方体验当地人生活中精彩的内容。

经常会听到观众从电影院里出来后吐槽电影太假了。对于观众来说，一部电影是否符合现实、是否还原生活质感，是最直观的第一反应，也是判断一部作品优劣的重要标准。导演文牧野在接受采访时说："全世界最好的电影基本是根据真实故事改编的。"

父：许多事物的产生、被创造，在我看来，都是为了迎合某一群体甚至于整个社会的需要在历史的长河中不断涌现，而在时间的作用下，这些事物会反作用于其受众，最终通过两者的不断互动来实现社会的进步和发展。

自电影发明以来，百余年的发展与革新已经使其成为文化输出的一个重要载体，同时再结合社会学研究的相关理论，如社会化、电影

生态建设理论、结构功能主义理论等对于电影的进步和发展进行分析和研究。

电影在社会化的过程中通过主旋律电影、电影内容中人文价值等的输出反作用于社会，电影不是一个消费品或者艺术品，而是成为一个社会性的电影。电影是一门具有强大社会影响力的艺术形式。它不仅是一种娱乐方式，更是一种反映社会现象的工具。通过电影，导演、编剧和演员可以传达对社会问题的观点、观察和评论，电影艺术的影射力使其成为深刻反映社会现象的媒介。

皮埃尔·保罗·帕索里尼说，“生活的全部，它行动的整体，乃是一部自然、生动的电影”。电影的核心功能已从原来的艺术性，转变成面向大众和市场的娱乐性。电影在人们的生活娱乐中占有越来越重要的地位，它的魅力也在对这个时代的人们产生更大的影响，比如《可可西里》直接促进了藏羚羊保护区的建立。

法国早期电影导演马塞尔·莱皮埃说：“电影使我们看到一种生活……完全和自然物一样，一种极真实的生活，在那里，戏剧性只限于表情动作中，那里的景物毫不掩饰，完全像照片里的一样……”

伍迪·艾伦编剧执导的《午夜巴黎》是一部以法国巴黎为背景的浪漫喜剧和奇幻电影。因为这部电影，很多人爱上了巴黎，爱上了午夜。也让巴黎成为法国一个特立独行的文化符号，也是不少情侣心神向往、魂牵梦绕的爱情圣地。

女：国内也有很多这样的案例，前两年大火的电影《你好，李焕英》让湖北襄阳一炮走红。电影中胜利化工厂的取景地——襄阳卫东机械厂一跃成为新晋网红打卡地。锈迹斑斑的工厂大门、一排排红砖砌起的家属大楼、贴着“实现四个现代化”标语的工人文化宫、职工食堂、供销社，还有电影院、职工医院、排球场……襄阳卫东机械厂勾起了许多人对20世纪三线工厂的生活记忆。

父：长久以来，中国电影创作和理论界曾有一个非常流行的说法：艺术是现实生活的反映，电影是对生活的模仿。一方面，人们曾深信德国学者克拉考尔宣扬的电影本性是“物质现实的复原”，并推崇法国电影理论家安德烈·巴赞的“电影是现实的渐近线”等写实主义主张。但另一方面，美国剧作理论家罗伯特·麦基则认为：“真实可信与所谓的‘现实性’毫无关系……故事艺术并不区分现实和各种非现实，如幻想、梦想和理想。作者的创作才智能将这一切融合为一个独一无二而又令人信服的‘虚构现实’。”

女：在现实世界中，日常现象和重要事件的本质往往被混乱无序的生活表象掩盖。要想挖掘生活本质的真实，一方面需要电影创作者通过语言文字符号系统和视听隐喻形象系统呈现这些生活场景，另一方面还要通过艺术家对生活现象进行主观判断、能动选择、叙事材料的确认与创造。因此电影很难达成艺术表现与客观现实的同构。所以我们在谈论真实性的问题时，它其实包括两个重要概念：艺术真实与生活真实。

父：戈达尔是法国新浪潮电影运动中最具影响力的导演，他的电影作品形成了对好莱坞电影拍摄手法和叙事风格的挑战与抗衡，对现代电影语言的革新做出了巨大贡献。戈达尔同时也把自己的政治思想和对电影发展史的丰富知识注入电影，在他的作品里经常可以发现存在主义和马克思主义哲学的影子。

电影如果要探讨存在主义，就需真实地反映现实生活。戈达尔在拍摄《精疲力尽》的过程中，遵循安德烈•巴赞的现实主义美学，将摄影机搬到巴黎街头让其尽享自由。

巴黎日常生活尽情地流淌着，在镜头下自由展现其毫无矫饰的质感。在观影过程中，你甚至能多次看到不明真相的路人向镜头投来的好奇的目光；在帕特里夏的 12 号房间中，情人的对话不时被窗外街头的噪声掩盖；帕特里夏在水槽中洗脚，米歇尔在水池中小便这些细节被放置在影片里。所以说全世界最好的电影基本都是根据真实故事改编的，本地生活是电影的灵魂所在。

女：我也曾因迷恋电影《哈利·波特》而走遍英国的街道。

《哈利·波特》电影中有一个海外取景地：波尔图的莱罗书店。它位于葡萄牙北部的波尔图，这里一直以美酒著称，然而在《哈利·波特》之后，这里成为很多影迷的“朝圣地”，他们所有人共同的目的地，就是莱罗书店。J.K. 罗琳就是在这里得到了很多《哈利·波特》的写作灵感，霍格沃茨学校的魔法楼梯原型就是书店中被誉为红色阶梯的华美楼梯。

《白日梦想家》中说，“开拓视野，冲破艰险，看见世界，身临其境，贴近彼此，感受生活，这就是生活的目的”。

生活是电影的创作源泉，电影也是我们对理想生活的向往。但其中最关键的部分还是人，“人为生活”为电影带来了灵魂。

父：是的，就像莫扎特的故乡萨尔茨堡，作为电影《音乐之声》的取景地，每年有很多来自世界各地的影迷前去朝圣，很多人还会选择参加当地的“音乐之声”主题游览路线，在当地向导的带领下，重温那些电影拍摄地。

女：电影也经常深入探讨文化和社会现象，包括性别平等、种族歧视、社会阶层和家庭关系。电影不仅反映社会现象，还可以对社会产生重大影响。一些电影引发广泛的社会对话，促使人们讨论社会现象。例如，电影《飞屋环游记》探讨了老年生活和家庭关系，引发了人们对亲情和生活意义的深入思考。

父：电影可以引发广泛的社会讨论，让人们思考和交流社会问题。这些讨论有助于增强社会意识，促进社会变革的需求。电影为社会问题提供了一个平台，可以让社会活动家、专家和政策制定者分享他们的观点和建议。电影可以激发观众采取积极的行动来解决社会问题，观众可能会参与志愿活动、支持相关组织或倡导政策变革。

女：电影为各种文化提供了机会，可以通过视觉和声音传达独特的文化视角。这有助于促进文化交流，使观众更好地了解其他文化的社会现象和价值观。多语言电影使观众能够接触到不同语言和文化背景的影片，这扩大了电影的受众范围，有助于促进跨文化理解和包容性。

父：我看过一份全球旅游目的地分析报告，有四分之一的中国游客

表示，他们会在观看某综艺节目后，对某个目的地动心，从而想去综艺节目取景地感受镜头里的风景，体验明星同款路线。影视 IP 给旅游景点带来了巨大的流量，使之前默默无闻的景区“翻红”，带动当地的旅游经济。

女：前几年有一部《长安十二时辰》的电视剧，掀起了去西安旅游的热潮。西安打造了“长安十二时辰”主题街区，在 2.4 万平方米的空间内注入电视剧《长安十二时辰》IP 与唐文化内容。

与其他主题街区不同，“长安十二时辰”街区强调市井生活，呈现的是一个有温度、有烟火气，可触摸、可互动、有亲近感的形态。这个街区当时被誉为全国首个沉浸式唐风市井文化体验街区，游客不仅可以沉浸其中，感受唐朝里坊的歌舞升平、热闹繁华，更可以深入探寻电视剧《长安十二时辰》内的种种线索，与剧中人物深度互动。

在这个主题街区，可以看到在上元安康踏歌台上，杨贵妃携侍女展现的 1300 年前的霓裳羽衣舞；在亭子和垂柳的酒寺门前，可以做一次独属于中国离别诗意化表达的折柳送别。同时，街区有上万件量身定制的道具，将真实的质感呈现在游客可触摸和眼睛所看之处。街区内还有 150 余种在陕西和全国其他地区精选的特色优质的小吃和美食。最值得一提的是，同时有 200 个玩家在线，将整个街区作为游戏场所进行全域演绎，游客随时可以选择不同的人物命运进行角色体验。从进入街区的那一刻起，游客将由一个旁观者变为深度体验的参与者，身临其境地做一次唐朝人。

《长安十二时辰》的火爆从电视剧蔓延到唐朝文化，再延伸到线下的街区，甚至剧集播出期间有网友总结了《长安十二时辰》里关于西安的细节彩蛋，以供大家去西安游玩时作为攻略。

父：这部电视剧我也跟风了一把，我总结下来影视作品有两个特点：一是影视艺术可以提高人类对世界的认识。优秀的影视作品在一定程度上反映着社会的各个不同方面，因此它可以帮助观众认识生活，评价生活，认识不同时代、不同民族、不同社会的历史特点和现实状况。二是影视艺术可以改变人类的生活方式。影视艺术起到了传递信息、表达情感、传播文化，在各个国家和民族之间架起文化交流的桥梁的作用，改变了人类的学习和娱乐方式，使人足不出户，就可点评多姿多彩、瞬息万变的世界。

女：影视作品不仅向观众提供了一幅幅生动真实的生活图景，而且在五彩缤纷的生活图画中传播价值观念、道德规范、社会准则、生活方式、社会语言等潜在的文化信息，影响着人们的世界观、人生观和价值观。它所倡导的生活理念、价值取向、行为规范及行为准则，引导人们追求真善美，提高了人们的道德情操和文化品位。

父：导演费穆曾说：如果把日常生活的景象当作形象，电影视听语言就可以看作意象，而具有意象价值的电影视听语言则来自现实生活的提炼升华和象征转义。最具有代表性的就是离上海很近的乌镇，当年一部在乌镇取景的《似水年华》使得乌镇声名大噪。但乌镇并未满足于一时的风光，从观光小镇到度假小镇再到文化小镇，乌镇在差异化打造的道路上，以文化为个性，推出了乌镇戏剧节、木心美术馆等文化 IP，诞生出更多元、更多姿的形态。

我们可以从电影的发展中看到本地生活学的一些发展脉络。电影与现实为何种关系？电影创作是应该尽量客观地模仿、还原现实世界，还是从主观认识出发去重构现实世界？自电影诞生以来，这个问题就争讼不休。

在电影发明者卢米埃尔兄弟那里，电影体现了它的根本特性——活动照相性，他们遵循纪实美学原则，保持真实地“再现生活”，走了一条摄录生活、排斥戏剧因素的道路。而与之相对立的，是梅里爱的“魔术电影”，梅里爱创造出叠印、停机再拍等技法，将戏剧美学引入电影，使人们领略了“非现实”“二度现实”的魅力。

可以说，在电影诞生初期，“逼真性—假定性”这两种大异其趣的美学追求，就各自走向了它的极端，它们代表了面对客观现实时截然不同的理论姿态和创作方法，引出了“电影与现实关系”这一永恒的论题。影视作品可以为我们提供娱乐、启示和反思，同时也可以让我们体验到不同的文化、历史和人生观。所以说影视作品重塑了人们寻找精神世界的生活体验。

本地生活是打造精神的故乡

女：电影《饮食男女》有句台词“唯有美食与爱，不可辜负”，我觉得生活化的旅游其实是在打造精神故乡。它不是事实故乡，不需要成为游客的家族原籍；它也不是潜在目的地，需要人们真的下决心来此定居。

什么是退路？退路指的是“如果我的能量和斗志比现在低一格，那个也能接纳我、疗愈我的地方”。故乡是一种事实退路，而精神故乡是一种情感上的退路。人要是常年处于严阵以待的气场下，就会产生高频的透气需求。人们对诗和远方的需求频次，已经从“年”缩短到了“月”甚至“周”。

2023 年年初的电视剧《去有风的地方》，让大理成为很多人的精神故乡。我身边很多朋友都看了，也因为这部电视剧，我的外国朋友都非常向往大理的慢生活。老爸，那现在学术界对“本地生活”理论研究主要着重哪些方面呢？

父：从理论源流的角度来看，本地生活更多强调的是人的主体意识和主观能动性。当今时代，知识、科技，尤其是人才的分量日渐突出，并日益为人们所重视。而这就说明，为什么近年来国内外哲学界都日渐把关注的焦点集中在人和人学的问题上。

究其原因，就在于人和人学问题的研究，集中地反映了当今时代发

展的要求，“人学”日渐成为反映时代精华的重要聚焦点。人的作用、人的命运、人的价值、人的前景、人的创造力、人的民主日渐成为人类关注的焦点和时代发展所必须解决的最迫切的问题。

而不同的生活就是人不同需求的体现。马斯洛的需求层次理论将人类需求比作一座金字塔，从底层到顶层，逐层递进，这些需求层次相互关联、相互影响，构成了人类内心世界的复杂系统。随着人类的不断发展，人类的追求已经超越了物质层面，本地生活学所提供的情感价值就是为了满足人的自我意识层面。

城市如同人有着不同际遇，但最怕没有存在感。过去 30 年，中国城镇化建设取得了举世瞩目的伟大成就。但同时快速扩张而产生的人口膨胀、交通拥挤、环境恶化、资源紧张等大量城市病随之而来。国际大环境、集体情绪、生活方式发生翻天覆地的改变，人们渴望在新境遇中寻找新秩序，重构美好生活。

女：其实本地生活学所打造的产品就是类似人的“精神故乡”。每个人都有故乡，每个人都会回忆故乡，人们用各种方式对故乡展开回忆。每个人记忆中的故乡的面貌与温度各不相同，那么我们记忆中的故乡，它到底是什么样的？它的面貌与温度取决于你对故乡的感情与态度。

当我们谈论故乡的时候，故乡是抽象的而不是具体的，故乡是第二性的，从属于我们的语言世界。我们需要用一系列的词汇去描述与强调我们自己对故乡的记忆、情感与态度，即使你说出了它的样子和风貌，然而那也只是你说出的“故乡的样子”而已；同样，语言叙事维度中的故乡永远是第二性的，“所有的故乡”都是你和我描述和创造出来的。当我们谈论故乡的时候，其实只是在讨论我们对故乡的认识与感受，在场的“故乡”远没有我们的认识与感受重要。

父：安土重迁、留恋乡土是前近代甚至现代中国人共同的特点，我们热爱生于斯长于斯的故土，它的一切让我们觉得都如此舒适、惬意与自然。沈从文的湘西、老舍与王朔的京派文学、路遥与贾平凹的西北、莫言的高密、张爱玲的海派文学等都吐露出他们对家乡的无比热爱，那浓厚的乡土气息令人感同身受。
我们对故乡热爱还是疏离取决于我们与故乡的关系。换句话说，我们对故乡的感情与态度取决于故乡给了我们什么，我们又经历了怎样的故乡。人的故乡无法选择就像人的生命无法选择一样。祖籍是故乡，出生的地方也是故乡，成长的地方是故乡，心安之处也是故乡。

女：对于远离故乡的人来说，身处异乡，恰恰提供了第三人称的视角。在异乡观察故乡，在他人对故乡的回忆中体会故乡。于是，那个热爱或排斥、疏离的故乡越来越清晰，那些感受在转换、放大。有的人选择重回故乡，有的人又选择远离故乡。那些反复出走的人们对故乡的感受开始变得相当复杂，热爱故乡也喜欢他乡，曾厌恶故乡但不喜欢他乡，但回到故乡又留恋他乡。

父：北岛说故乡是用来遗忘的，因为遗忘故乡才能向着远方。但我觉着，故乡是用来想象和升华的，所有的美与丑恶都可以在故乡中出现。作为符号意义和精神意义上的故乡，成为我们释放情绪、消遣生活的对象，关于故乡的不满、异乡的无助与生活的无常，当我们在谈论故乡的时候，我们谈论的只是这个意义上的故乡，谈论的是故乡意义上的自己。

女：精神上的故乡可以理解为是一个人在情感和心理上的归属之地，通常指的是那些能够引发人们内心深处的情感共鸣，使人感到宁静、舒适、安全和熟悉的地方。如今我们在电脑前敲着键盘，坐着飞机旅行，但我们的情感世界，依然是用“关关雎鸠，在河之洲，窈窕淑女，君子好逑”来表达，依然一见“十年生死两茫茫”就要神伤；一谈忠义就是关云长，一谈坚忍就是卧薪尝胆……无论现代科技把我们的日常生活带到多远，无论我们地处偏远或是身在海外，同为中国人就一直共享这个精神世界。

父：前些年，中国文旅市场上出现了一个爆火的精神故乡——北戴河阿那亚。它是一个文旅地产社区，2015 年就火起来了，但直到今天，文旅和商业地产行业仍然觉得它是国内最出色的文旅目的地。行业里迄今没有能超越它的项目，就连阿那亚自己在其他地方的项目也不能。

案例链接：阿那亚

阿那亚以打造成为中国最具情感价值和精神价值的生活方式品牌为追求，从烂尾楼项目变成了先锋、时尚的文化艺术飞地。在一系列“打造与目标人群价值观匹配的生活方式”的尝试过后，现在的阿那亚不仅成为开发商眼中的世外桃源，也是文艺青年心中的艺术殿堂、京津冀地区新中产阶级的度假去处、社交平台推崇的网红打卡地。

资源属性：阿那亚位于秦皇岛市昌黎黄金海岸，自然资源优渥，坐拥环渤海最丰富多样的滨海、滨湖、森林等多重复合景观。这里是离北京最近的沿海旅游城市，距离北京约280千米，车程3小时左右，正是这些优质的自然资源为阿那亚后期开发奠定了基础。

发展定位：阿那亚以价值观筛选客户，倡导质朴、精致而有节制的物质生活，珍视回归家庭、回归亲密关系的情感生活，推崇安静自足、向内探寻的精神生活。美好人生是阿那亚所有行动的出发和归宿，不止于物质，超越情感，抵达精神。

开发模式：阿那亚主动选择从地产“开发商”转为“服务商”，选择不赚房地产开发的“快钱”，转而赚服务业的“慢钱”。经营方式从房地产开发向生活式品牌过渡，营收方式从一次性赚快钱，到长期可持续性的赚慢钱。阿那亚在物业服务层面进行了更深层次的探索并取得了成功，他们自建了服务团队，包括商业中心、度假中心、物业中心三大板块，为未来房地转型升级提供了新方向。

客群定位：秦皇岛是一个典型的旅游城市，旅游旺季“熙熙攘攘”，旅游淡季“门可罗雀”，淡旺季十分明显，因此阿那亚一改往日从市场需求出发，而是选择认同阿那亚价值体系的客户群体，把目标客群缩小得很精准——北京典型的中产阶层，他们拥有相对自由的时间和空间，不受工作和生活的约束，且对文化创意、精神生活有一定的需求。

IP打造：阿那亚先后打造了孤独图书馆、观鸟屋、海上礼堂等一系列标志性建筑，这些强有力的建筑IP，在网络上快速传播，成为阿那亚的吸客源泉，据相关了解，阿那亚《孤独图书馆》宣传视频一经推出，阅读量便突破 10 万，吸引了 3000 多的粉丝慕名而去，至今热度不减。

社区营销：阿那亚社群是由业主微信群自发形成的，截至目前，阿那亚有近百个社群，其中 7 个大业主群主要用于共同商讨社区事务，还有话剧群、跑步群、马术群、民艺群、花草群、小镇群、摄影群、芭蕾群、诗社群、风筝冲浪群等。此外，阿那亚每年会举办 1500 多余场活动，通过各种活动，将业主通过社群组织连接到一起，因此，阿那亚产生了很强的黏性，让每个业主都愿意主动把阿那亚介绍给朋友。

女：离开故乡是生活需要，回到故乡是生命需要。它不是事实故乡，不需要成为游客的家族原籍；它也不是潜在目的地，不需要人们下决心来此定居。它追求的是“高复购”，类似让人们想一年回两次的老家。

父：唐先武在《故乡，已是驿站》中诠释了对故乡的认识：故乡这个概念，对于更多的人来说，已然成为记忆而不是实体；经过岁月的洗涤，记忆中的故乡已经被诗化了，而不再是原貌；对于一个融入城市生活的人，无论是空间意义的故乡还是时间意义的故乡，我们都很难返回了。故乡的意义，只存留于精神层面而不是物质层面。我们之所以怀念故乡，恰好就是因为故乡已经不再是故乡，恰好就是因为记忆中的故乡有了许多想象的成分，恰好就是因为我们再也回不到故乡的怀抱了。

女：如果我们把出生地当作圆心，那么随着年龄的增长，我们每个人求学、工作、结婚生子，把各自人生的圆画得越大，我们离圆心的距离就越远。这个时候，我们站在圆圈上，遥望圆心所产生的情绪，就是乡愁——那是一种思念与怀旧的结合体。

父：你这比喻很形象，在外那么久是不是挺想家的。其实故乡与我们是既融合又脱离的关系，我们一面在其中汲取涵养，一面挣脱它且背离它而去。其实在这两种关系之中我们都可以得到成长。

1921 年，鲁迅写下小说《故乡》，这是鲁迅影响力最大的小说，也是迄今为止引发争议最小的一篇小说。如果我们心中有了“乡愁”，又回不到故乡，我们在心中难免就会虚构出一个精神的“故乡”，而这也就是文学理论与哲学对“乡愁”定义的起点。

对于鲁迅来说，他更看重精神的故乡，自从他走出故乡，就不断地延伸思想的疆域，他的思想不会拘束于故乡这一方土地上，而他无论身处何方，都会将那里作为故乡的出发点，因此他的精神变得无比开放。

女：所以本地生活学是打造人们的“精神故乡”，更是打造人们所追求的理想中的生活。本地生活学是风物的记忆，是一个城市和国家的生活场域，它已不仅仅是一种单一形态，更成为城市的一种综合文化符号；同时本地生活学也是真实生活与游客心中理想生活合二为一的快捷方式；它聚焦居民生活细节，给予人们日常点滴温暖，加强与年轻人之间的联系，认真呵护每位年轻人的梦想。

父：是的，同时用本地生活去叙述城市，能够充分体现城市发展活力，清晰解析城市历史文明，并进一步关涉城市可持续发展的未来。“本地生活学”汇聚了本地人对故乡的情感符号，给人们一个回家的理由。它用匠心把生活中的美好精雕细琢，让每位游客市民爱上隐藏在“柴米油盐”里的艺术，营造专属一座城市的新生活美学。一座城市的故事，关乎财富，关乎欲望，关乎理想，更关乎内心的栖居。“本地生活学”是在万物全球化背景下，为城市突破瓶颈提供了反向思考逻辑，回归本地、回归生活，放大自身特色价值，形成以“本地生活”为核心的内循环系统，引领新一轮的城市高质量发展变革。

从咖啡店出来，上生·新所已完全被夜色笼罩，天上的星光在灯光下显得黯淡。近百年的时间里，这里上演了无数风起云涌，本身蕴藏的传奇可谓不胜枚举。如今这里已经重获新生，是一群年轻人的天下。我们出去路上，一张张笑容满面的年轻人仍在不断涌入，朝气蓬勃，生生不息。

课堂金句

1. 艺术不是高高在上的，而是需要与百姓生活融合在一起。
2. 故乡是一种事实退路，而精神故乡是一种情感上的退路。
3. 本地生活是在异乡观察故乡，在他人对故乡的回忆中体会故乡。

第三堂课　危机

城市和城市环境代表了人类最协调的，且在总体上是他最成功的努力，即根据他心中的期望重塑他所生活在其中的世界。但如果城市是人们所创造的世界，那么这就是他今后注定要生活其中的世界。因此，人类在间接地、没有清楚地意识到工作性质的情况下，就已在构造世界的过程中重塑了自己。

——罗伯特·帕克（美国社会学家）

课前提要：随着城市化进程的加快，本地传统和优秀文化正逐渐消失，保护“城市记忆”创造本土化城市形态已经迫在眉睫，城市是人流、知识、思想、创新集聚的地方，接下来应该回归它的本质，关注人在城市中的发展。

对谈场景：上海市武康路历史文化名街

2023 年是 Citywalk 出圈的一年，在城市里毫无目的漫步，不去各大热门景点，而是用双脚丈量一座城市，了解当地的风土人情成为一种时尚。今天我决定带着平时“能坐着绝不站着”的老爸去武康路来一场年度拉练。

“浓缩了上海近代百年历史”的武康路全长 1183 米，是上海国家历史文化名街之一，承载了深厚的人文记忆。辟筑于 1907 年，从最初的乡村土路，到今天的林荫绿道，武康路用砖和石头，用树木和街巷谱写了 110 年的城市化历史。今天的武康路依然留存着时代印迹，也见证着城市的风云变幻。

我们边走边聊，路过一家老麦咖啡馆，店门口张贴着“对于幸福的定义”，我顿受吸引，对老爸狡黠一笑：“要不要进去尝一尝幸福的味道？”点了两杯经典款老麦拿铁，我们开聊。

正在消失的城市记忆

女：老爸，我最近新学了一个占星术，能预测运势。

父：是吗？那帮我的股票测测。

女：但它有一个禁忌，就是“相信则灵”。

父：哎，那算了，A 股难救啊！

女：老爸，别灰心。有句老话说得好，“山重水复疑无路，柳暗花明又一村”。就像这武康路一样，想当年也算是见证了上海百年历史变迁，何等繁华，中间经历了起起落落，虽物是人非，但它仍保留着上海精神，是上海无数历史文化风貌街道中的佼佼者，不仅代表上海的过去，也预示着上海的未来。

父：哎哟，想不到你这觉悟还挺高。

女：那是，可不能让老爸平日里那些苦口婆心的唠叨付诸东流啊！

父：哈哈，话回正题。你刚提到武康路的复兴，其实这些年，在城市改造大潮中，不少具有地方特色的老街老巷，摇身一变成为光鲜

亮丽的商业街。虽然在短期内刺激了当地的经济发展，可由于缺乏对历史和传统的尊重，导致许多历史街区千城一面，不仅景观雷同、业态混乱，还夹杂着不少粗制滥造的假古董和伪民俗。一方面由于过度商业化，另一方面因为对老城的开发停留在肤浅粗糙的初级阶段，没有对传统文化资源进行深度挖掘和精品打造。

文化创意产业为城市带来了生机，但遗憾的是，即便在貌似更加人性化的“微更新”过程中，城市记忆的流失依然严峻。在以往的城市更新中，往往只是对建筑外观和功能进行更新，而建筑所承载的生活故事、个人经验、地方信仰等宝贵的历史记忆，由于当地民众的缺席，常常被漠视或淡忘，这不能不说是当代城市更新中的一大遗憾。

父：吴良镛教授指出，“认知城市是第一步，这是我们美学分析的极为重要的一步。城市模式的提出是认知的结晶，不只是个别人的认知的结晶，而是综合归纳提高，从历史人物到今天多方面人认知的结晶”。城市犹如一件巨大的艺术品，文化特色是艺术品的点睛之笔、魅力所在。它在人们的社会生活中，或隐或现、或强或弱地存在着，需要我们去发掘和认知，并有意识地加以梳理和强化。

世界上没有完全相同的城市，城市从诞生之日起，就打上了各自传统文化和地域文化的烙印。不同自然环境、历史环境、社会环境中的城市有着不同的文化特色。城市如人，虽然都有四肢、五官、大脑，都会表达，但无论相貌、性格、品位，还是经历、素质、修养都有所不同。同样，正由于每一座城市都独具的地理环境、气候环境、自然环境、人文环境，以及历史背景、社会背景，因此每一座城市都应该拥有自己的景观、形象、特征、空间、氛围、气质和灵魂，从而使城市文化呈现出不同的个性色彩。同时，城市如同生命

循环一样是一个有机体。每一座城市都应对经济和社会发展演绎着各自独特的文化历程，由此形成城市具体的、真实的文化发展轨迹。

女：中国的城市，大都千篇一律。比如我们现在所处的上海，俯瞰上海，我们可能觉得没什么问题，因为已经看惯了这种城市景观，现代城市大多是这样，有很多高楼。这个景象看上去很乱，一看没有什么规律。但我发现一个有趣的现象，就是中国的城市规划都包含“高低错落”的考虑。这个“高低错落”也就被赋予了特殊的价值，变成审美上非常明确的东西。

国际上来看，比如，巴黎完全是一座平的城市，只有一根“棍子”伸上去，就是埃菲尔铁塔。柏林也是这样完全“剃平头”的城市。但是我没有听到一个游客批判巴黎为什么不高低错落。并不是说哪个对，哪个好，只是本来有选择的事被绝对化了，变得没有选择了。

巴黎这样的城市，它的天际线更像是一个被重新设计过的地平线，柏林同样也没有起伏。而中国的城市实际上是想设计出一个奇观。这是两个完全不一样的方向。错落和凹凸显然不仅赋予了城市特定的天际线，作为一种视觉想象，它实际上是对变化的一种审美——“变”是好于“不变”的。这些城市现象里，已经反映出一点：城市形象优先于城市空间，城市也有同样的情况——天际线、绿化优先于空间。在今天，所有中国城市都是同样的经济开发模式，同样的一套规划条件，同样的空间结构，同样的审美趣味，城市怎么会出来不一样？中国城市的审美，可以总结为：变、大、点，大家都喜欢变，喜欢大，喜欢点式的。

当代交通和传播的便利使得大家很容易去旅行、上网，审美容易变得一致。把欧美的房子、北京的房子搬到中国南方，不考虑地理条件，所以千城一面了。千城一面也导致了城市文化的没落，因为规划建设都往“规律”上靠，导致本地文化被排挤，慢慢等大家适应了新的环境，原来的文化也就被淡忘了。

父：确实是这样的，外国城市的天际线每个都不一样。城市文脉就是城市的一部文明史，是形成和积淀城市性格的文化基因。它决定着城市的价值品质，诠释着城市特色。

随着全球旅游业的快速发展，越来越多的人开始关注旅游对本地文化的影响。游客的到来不仅带来了新的体验和视角，同时也对当地文化产生了深远的影响。

随着时代的动荡，经济的发展，以及人们观念的变化，很多地方传统文化都正在消亡。除了一些习俗的流失以外，极速的中国城市化进程，也在未经仔细讨论时，摧毁了许多原本珍贵的文化遗迹，也加速了地方的文化消亡。

女：可以想象，如果所有这些生动的家乡文化都灭绝，绝大多数中国人也将失去“家乡”。因为对于大部分人来说，一个没有地方文化的家，只会是一个苍白的普通二、三、四、五线城市，注定是边缘的，没有意思的，是不值得过的生活。

因为在国外比较多，我对于家乡的概念更大一些，在国家的概念上，老爸你对上海是一种什么样的感受?

父：上海开埠后，文化被称为“海派文化”。海派文化是在中国江南传统文化（吴越文化）的基础上，融合开埠后传入的对上海影响深远的源于欧美的近现代工业文明而逐步形成的上海特有的文化现象。海派文化既有江南文化（吴越文化）的古典与雅致，又有国际大都市的现代与时尚，区别于中国其他文化，具有开放而又自成一体的独特风格。

很多身边的老上海人担忧，说上海话的人少了，唱沪剧的人也少了，在城市管理层中熟悉上海环境和文化的人少了，尤其是国际游客包括投资者相对也少了，担心海派文化会逐渐消失。

女：但其实我没有这种担忧，我觉得随着城市的发展和全球化的推进，一些传统文化和地方特色确实逐渐消失，但我认为海派文化并不会消失。上海一直保持开放和包容的心态，尊重不同的文化和传统。上海话和沪剧是上海重要文化符号，它们代表着上海的历史和特色。尽管现在说上海话和唱沪剧的人少了，但这些传统文化依然在民间流传，有很多人仍在积极传承和推广。

父：在城市的传统文化这一点上，给我印象最深的就是城市建筑。比如我们现在所处的武康路，武康大楼的走红，这其实就是地方文化中最具魅力的部分。这些久历风霜、斑驳古老的历史建筑，一块块石砖，一根根梁木，似乎都诉说着国家、民族、家庭的动人故事。在目前的中国，传统意义上的城市形态空间格局逐渐被打破。首先是街区传统性功能与文化的丧失，传统街区的符号传达着某种意义上的人体文化感知，正是这种与人的尺度相适应的传统街区往往是孩提时代的记忆，是可以“踢毽子”“跳皮筋”“过家家”居住生活的一部分，也是居住者室内生活的延伸。

其次是“历史地段”与历史“景观文化丛”的丧失。城市改造的速度加快，城市景观丛的连续性正在被切割，形成典型的城市历史空间的“文化断裂”，“在现代生产条件无所不在的社会，生活本身展现为景观的庞大堆集”，新的景观取代了旧的景观体系，整体街区的历史感在多数城市中已经丧失。比如天津是一个近代老城，驱车找遍整个城市，除剩下的洋房区外，传统的历史街区已经无法寻踪。

最后是建筑与居住空间文化的历史断裂。中国城市传统空间的人与自然的天人合一，其“体量与空间确立的明晰性与活力”，在世界范围内获得文化认同，北京的四合院、徽派建筑风格、江南传统园林和具有人情味的街区小道，这些情景已经被“高楼群落”所取代，这不仅使居住城市空间异化形成历史断裂，更重要的是当代中国的城市建筑与居住空间没有了自己的本土性文化，没有了本土性时代的空间特色。仅就过宽的马路而言，步履蹒跚的老人在过 80 米宽的马路时，面对呼啸而过的汽车，这种场景告诉我们的是：人作为城市主人地位的整体丧失和悲哀。

女：在国外，这种建筑大多都能成为城市发展的一种资本。眺看巴黎，400 年、600 年甚至 800 年以上的单体建筑和建筑群，可以在城市里生存并成为城市文化资本。由城市建筑组成的城市形成空间，其“节点性文化”的丧失更为严重。城市作为建筑空间的组合，没有新构建的与中国文化相适应的本土性标志性空间关系。

澳大利亚 100 年以上的建筑被作为保护对象而使城市显得丰富多彩。中国的城市如北京、苏州、南京、西安等相当多的城市，多号称有 2000 多年历史，可是传统记忆中的单体标志性建筑和标志性建筑群所剩无几。

父：是的，这一点大城市有些还不如小城市，一些江南小城，烟雨朦胧，斜街小巷，一帮迟暮老人或蜷或偎在灰暗的堂前门口，任由时光静静地流淌，这是江南人故乡的样子。社火、庙会、赶集、唱大戏这些年节的文化都在渐行渐远。

而反观藏族，他们有民族瑰宝《格萨尔王》，1000 多万行的史诗口口相传不立文字，游吟诗人四处游走，至今还在草原传唱；维吾尔族有流传千年的十二木卡姆，亦歌亦舞，唱的是他们的历史，跳的是他们的文化。

女：这让我想到了奈良，不久前我还去了一次。日本的奈良是世界历史文化名城，这个城市的精英群体曾提出这样一句名言：奈良是日本传统文化的守护者。应该说，在日本奈良的确能够强烈地感受到日本文化的存在和氛围，现代化的东京不像日本。

当代中国城市化进程是一次世界空前的城市化运动，很多城市变了模样，很多城市传统的、优秀的文化和“城市记忆”正在消失，保护中国的“城市记忆”创造本土化城市形态已经迫在眉睫。中国的历史文化名城应该当仁不让地承担起守护中国城市传统文化的责任。城市记忆是可以穿越时空的价值符号，既拥有过去，也拥有现在，更拥有未来。

城市接下来应该回归它的本质——城市是一个人流、知识、思想、创新集聚的地方。广州新河浦历史文化街区以“东山小洋楼”著称，拥有广州现存规模最大的、中西结合、低层院落式近代民居建筑群。

近几年来，由于民间承租者和保育人士的共同努力，年久失修的历史建筑得到修复，老建筑馨园已活化为著名的古建筑酒店，成为向国际友人展示岭南文化风貌的重要记忆场所。同时，由于新兴文创产业的集聚，这里也逐渐形成了“艺术生活社区”的氛围。现在的新河浦宁静优雅、绿树成荫，色彩斑斓的民国花砖与满洲窗掩映在红砖洋楼里，画廊、当代艺术馆、民宿、小剧场、儿童艺术空间、西餐厅，散落在各个角落，还有每月举办的“东山艺术市集”，更是吸引了大量年轻人慕名而来，整个街区焕然一新，当地的岭南文化也得以保存和延续。

父：习近平总书记说过：“一个城市的历史遗迹、文化古迹、人文底蕴，是城市生命的一部分。”历史文化以各种方式保留在城市肌体里，沉淀为独特的记忆和标志。城市历史文化遗产是不可再生的宝贵资源。本地生活的塑造就是在城市更新过程中处理好发展与保护的关系，一座城市的历史遗迹是本地生活文化的载体。

城市文化特色反映着城市社会现实，是构成一座城市社会文化和物质环境的总体特征。一座城市的存在表明它对自然和社会所具有的适应能力，而城市文化特色的存在则体现了一座城市的生存优势。

城市文化特色主要体现在两个方面：一是在外观上给人们以特有的文化形象，二是在内涵上体现出鲜明的文化气质。城市文化特色不仅局限于美学意义，更重要的是它所具有的社会意义。

城市文化是城市的灵魂，城市特色是城市文化的标志，有文化特色的城市才有魅力。城市文化特色的重塑，首先在于对城市文化特色的挖掘和认知，其次在于城市文化特色的保护和继承，在此基础上实现城市文化特色的发扬和创造。

人口结构的变化改变旅游者消费观

女：我觉得城市文化的没落其实也体现了社会发展所面临的多重危机。北京大学光华管理学院应用经济学系教授陈玉宇及其研究团队发布的《2035 城市发展新格局》里提到，过去我国的城市化是遍地开花，未来十五年能够持续增长的城市将只有 100—150 城，这些城市将成为我国经济的拉动力，吸引要素流入。其余城市将会瘦身健体，向“小而美”发展，这是城市产业衰落所导致的必然结果，小城市必须找到独立的赛道去发展。

父：现在的城市面临各种各样的发展危机，首先就是城市产业上的衰落，最具代表性的就是房地产行业。房地产在过去十年的城镇化进程中发挥着举足轻重的作用。过去十年，房地产业增加值占 GDP 总量的 6% 以上，房地产加建筑业占 GDP 的七分之一，并且从 2010 年以来，占比常年保持在 6% 以上。从财政收入来看，房地产相关税收贡献了六分之一的狭义财政收入。在城镇化过程中，随着房企进驻数量不断增加，城镇化进程也不断加速。

2021 年，房地产市场强弱转换，告别高速增长的“白金时代”，行业迈进“青铜时代”。2022 年又马不停蹄地迈入了“黑铁时代”，房地产行业已经告别增量高速增长的时代，进入存量化的下半场，这也意味着城市不能再依靠房地产发展，而是要找到更适合自身的可持续发展产业。

2022 年年初，住建部召开年度工作会议，明确要求“充分释放居民住房需求潜力”，预示房地产调控有望迎来实质性松动。房地产市场总体可能由全面下行走向逐步企稳，呈现先抑后扬态势。从金融和土地等各方面加大支持力度，地方政府房地产调控政策也将有所调整，以促进房地产业良性循环和健康发展。

2023 年，“房地产市场供求关系发生重大变化”定调楼市，各级政府部门频繁优化楼市政策力促房地产市场平稳运行，政策环境已接近 2014 年最宽松阶段，但居民收入预期弱、房价下跌预期等因素依然制约着市场修复节奏，新房市场调整态势未改，核心城市政策效果持续性不足。

城市产业衰落意味着未来城市动力不足。城市未来发展存在地区差异，这可能导致不同情景：虽然气候变化背景下的脆弱性和渐趋加重的不平等程度是全球关注的焦点，但其他问题因地区而异。在发达国家，城市未来发展的关键优先事项包括管理文化多样性、升级和更新老化的基础设施、解决城市收缩和衰退，以及满足日益增加的老龄人口需求。在发展中国家，城市未来发展的关键在于降低贫困水平、建立健全基础设施、提供适当的和负担得起的住房、减少贫民窟、降低青年失业率以及投资发展二线城市。

城市化与当前若干全球挑战相互交织：面对全球挑战，任何城市都无法独善其身。在过去 50 年里，城市化作为一种全球大趋势，与诸多全球挑战相互交织，这些挑战包括气候变化、不平等加剧和人畜传播的病毒的增加。近年来出现的新冠大流行引发了一个世纪以来最严重的公共卫生危机，以及“大萧条”以来最严重的经济衰退。所有挑战都将以不同方式给城市未来留下印记。

女：这一点跟我国的人口红利一样，党的十八大之后，中国经济发展从高速增长阶段转向高质量发展阶段。在高速增长阶段，改革开放政策和紧缩型人口政策充分释放了规模巨大的数量型人口机会。人口规模巨大的数量型人口机会塑造了劳动力成本的比较优势，这与经济全球化背景下的劳动力密集型产业转移浪潮相遇，助力中国收获了主导性的数量型人口红利，从而缔造了举世瞩目的经济增长奇迹。基于不同研究方法的测算，中国经济增长中的数量型人口机会贡献率在 15% 至 27%，呈现了中国在高速增长阶段收获数量型人口红利的基本事实。

父：在高质量发展阶段，现代化的生活和生产方式变革引发了人口发展变迁，使得数量型人口机会呈现收缩走势。根据有关统计，2022 年，中国人口比上年减少 85 万人，新出生人口仅 956 万人，是 1949 年以来的最低水平；总和生育率不到 1.1，低于同期发达国家的 1.6，以后每年出生人口还可能持续下降。

随着我国人口老龄化的到来，传统的人口数量红利正在逐渐消失，很多人开始担心人口负增长会给我国经济增长蒙上阴影。但是受到人口基数效应的影响，总人口和劳动年龄人口的规模依然巨大，数量型人口机会和数量型人口红利虽然衰退，收获难度也较高速增长阶段明显加大，但是并未消失。

全面二孩政策不及预期、三孩政策效果未显现，未能扭转中国出生人口下降趋势，生育堆积效应已消退，出生人口自 2017 年以来连续六年下降，2022 年出生人口 956 万人，比 2021 年减少 106 万人，创历史新低，总人口比上年减少 85 万人，开始负增长。

中国的老龄化速度和规模前所未有，2021 年中国 65 岁及以上人口占比达 14.2%，进入深度老龄化社会，2022 年上升至 14.9%，预计在 2030 年左右进入占比超 20% 的超级老龄化社会，之后持续快速上升至 2060 年的约 36.8%，企稳一段后将再度上升至 2084 年及之后的约 46%。

女：这数据太吓人了，老龄化、少子化、不婚化三大趋势加速到来。人口因素影响重大深远，生育政策调整是最根本、最重要的供给侧结构性改革之一。这几年呼吁“全面放开并鼓励生育，应对老龄化、少子化挑战”，开始逐渐看到曙光，生育政策在松动。

随着社会的发展，年轻人生育观念已经发生了很大的变化。以前，传宗接代、养儿防老、多子多福的观念根深蒂固。而现在很多年轻人认为，活在当下最重要，国家不断完善的养老服务体系也可以解决养老问题，使得年轻人选择更加多姿多彩的生活，更注重自己的职业和个人发展，较少考虑家庭和生育问题，甚至选择不婚不育，或者丁克。也正因为这些观念的变化，我们年轻人对于创新的内容更加关注，文旅的核心消费人群也变成了年轻群体。

父：根本原因还是市场需求发生了根本改变。旅游是人民群众美好生活的重要组成部分，已经成为人们的一种生活方式。从今年旅游市场积极有序恢复的情况来看，疫情并没有从根本上改变旅游刚性需求的属性，旅游业发展表现出较强的韧性。同时，从统计数据来看，此前疫情带来的冲击在一定程度上限制了旅游消费的规模、频次和距离，旅游的消费方式和供给方式也在不断地被重塑。得益于科技赋能、文化挖掘和创意加持，旅游业的组织形态、产品形态、经营形态等方面的创新在持续加快、有效深化，从而不断以变革、转型满足着人们日益增长的旅游休闲需要。
比如，随着冬季的到来，一些冰雪资源丰富的地区迎来了旅游旺季，冰雪旅游和温泉疗养也成为人们元旦出游的热门选择。滑雪和泡温泉的组合产品成为新晋顶流套餐，吸引了不少年轻游客。这不仅反映了消费者对于多样化旅游体验的需求，也为地方经济发展注入了活力。

女：值得关注的是，传统的元旦庆祝方式逐渐被年轻人所摒弃，取而代之的是更具仪式感的旅游体验。在这个过程中，烟花、灯光、登高等元素成为热门搜索关键词，表明年轻人对于用不同寻常的方式迎接新年的渴望。年轻人对“跨年游”的青睐，彰显了他们对仪式感的追求。旅游不仅仅是一种休闲方式，更成为一种寻找仪式感和独特记忆的活动。
过去，人们过新年更多是选择家庭团聚或者宅在家里休息。如今，主题公园门票预订量激增，演唱会成为元旦出行的热门活动。这反映出年轻人对于多元化、个性化娱乐方式的追求，也为相关产业提供了更广阔的发展空间。

父：年轻人注重活动、演出、主题体验的“跨年游”模式反映了旅游市场的新变化。年轻人对于旅游体验的独特追求给旅游行业带来了新商机，将推动旅游业不断创新和升级。在这个过程中，从业者需要强化创新意识，以满足不同群体的需求，管理者需要更加灵活地调整经营策略，为游客提供更加丰富、有趣的旅游产品和服务。

低垂果实的时代结束了，对于后入场的旅游开发者来说意味着名山大川、世界遗产和大型主题乐园等重量级资源已难再得。后入场的旅游开发者将不无遗憾地发现他们能获得的资源，或寂寂无闻，或姿色平凡，或势单力薄。

全国的文旅部门已纷纷挂牌，地方政府发展旅游产业的意识正全面觉醒，各省市区县全域旅游规划刚制定完成，所有人都在摩拳擦掌准备大展宏图。开发商们也正在集体向综合开发转型，他们在急切地寻找新开发领域，文旅正是大热门。地方发展渴望与企业转型需求同声相应、同气相求。

女：一方面，新入市旅游资源的能级日渐平庸；另一方面，旅游资源的供应量却迎来井喷，这就是我们未来十年将面对的竞争场景。

传统旅游资源观侧重于类型划分和总结归纳各类型的共性，供新入场的旅游开发者按图索骥、参考开发。美国著名统计经济学家泰勒·考恩在《大停滞？——科技高原下的经济困境：美国的难题与中国的机遇》一书中指出：在摘完“低垂的果实”之后，近数十年的美国，除计算机和互联网之外，创新已经停滞。

新资源观是旅游领域的第一性原理，要求我们透过资源类别的表象共性，从旅游行为的本质出发，厘清旅游资源的分异特质，构建旅游资源的核心竞争力。

说到底旅游一方面是差异化，这包括时间和空间两个维度，时间上迥异于时下，过去的或未来的。空间上，离开常驻区域，从城里到乡下，是谓乡村旅游；还有去异地、异国。另一方面是特色化，越是非同质化、独特的产品，越是别具一格、独步天下，就形成了一定的市场垄断性，也就容易形成自己的独特品牌和文化影响力。

无论是差异化还是特色化，都离不开创新。创新是旅游企业安身立命、特立独行、持续发展的唯一动力和路径，因为随着这些年的旅游大发展，一流资源已经开发殆尽，剩下的劣质化、雷同化资源，必须生发顶级的、无与伦比的创意，才能形成创造力。况且，即使好资源，如果不创新，迟早也会成为明日黄花，被市场所淘汰。当下，大多数景区和文旅项目亟需创意性提升。

父：2023 年是中国旅游业复苏振兴之年，国内旅游消费回暖进度加快、人均旅游支出稳步恢复、出入境旅游稳步回暖等趋势显著，并呈现“热门更热、淡季不冷、热点不断”的态势。来自一线、新一线城市的用户是 2023 年旅游消费的主力，“80 后”“90 后”主导旅游消费。2023 年以来，“00 后”在旅游市场中的权重也在逐步上升，旅游消费主力年轻化的特征进一步凸显。

以前旅游行业靠的是人口红利，但在人口红利转变为人才红利的情况下，文旅产业的发展也要向精细化发展。2023 年前三季度，国内旅游总人数 36.7 亿人次，实现旅游收入 3.7 万亿元，同比分别增长 75%、114%。

中国旅游协会会长段强总结称，文旅产业在资源开发上更加注重沉浸式体验。在产品塑造上，传统旅游景区向旅游目的地转化；在文旅融合上，文化体验游渐成时尚；在市场营销上，利用热点创造的“网红”唤起年轻消费者出游热情。旅游已经成为人们的生活方式、刚性需求，旅游业已日益成为满足人民美好生活需要、推动高质量发展的重要支撑。

女：2023年以来，不论是围炉煮茶、特种兵式旅游、观演式旅游、反向旅游、Citywalk等新兴旅游方式的异军突起，还是大理、南京、西安、淄博、榕江、天津、哈尔滨等目的地的火爆出圈，都离不开年轻人的热情参与和有力推动。这些现象的背后，反映了年轻用户“为悦己”“为兴趣”“为社交”的消费理念，追求个性、自由、沉浸式的旅游方式，正深刻影响着旅游市场的发展，成为引领旅游消费趋势的新动力，不断地催生、激发出新的消费模式和旅游产业新业态。

案例链接：德国工业城市的旅游探索

德国鲁尔工业区，位于德国西北部，是欧洲最大的工业区之一。鲁尔工业区的形成源于19世纪中叶的工业革命。随着“二战”的结束，鲁尔工业区面临着严重的经济衰退和结构性问题。由于传统工业的衰退，大量工人失业，许多城市和村庄陷入了困境。然而，鲁尔人并没有放弃，而是开始进行大规模的产业结构调整和转型发展。

德国鲁尔区工业遗产旅游的开发是一个有意识、有步骤、并逐步细化和深化的一体化整合过程，运用一系列创新机制实现了城市发展模式的转型，在培育新兴产业，利用老工业基地发展工业文化旅游方面取得了举世瞩目的成就。

工业旅游绿色发展基础三大工程涵盖了污染治理、生态恢复与重建、景观优化、产业转型、文化发掘与重塑、旅游业开发、就业安置与培训以及办公、居住、商业服务设施、科技园区的开发建设等环境、经济、社会多个层面的目标和措施，是综合性的用地更新改造策略，是基于建构“绿地空间结构”目标前提下对景观文化内涵、美学价值、生态思想的深入发掘和积极推动。

经过综合整治，如今的鲁尔工业区已经摇身一变，成为一个全新的科学公园，不仅保留了炼钢厂、煤渣山等生产旧址，还留出了空旷的大片绿地和湖泊，大大增加了旅游观赏性。由区域综合整治计划带动区域的统一性，将整体性保护观念融入环境空间建设，将工业文化遗产与旅游开发、艺术教育、区域振兴相结合，是可持续发展理念的深刻体现。

埃森是德国十大城市之一，也是鲁尔区工业转型最成功的城市之一，“通过文化进行变革—通过变革进行文化”这个主题在整个鲁尔区得到贯彻，埃森就是成功的典型。为此，埃森和鲁尔区还被欧盟委员会提名为“2010 年欧洲文化之都”，这一称号正是对埃森艺术与文化转型的肯定。

矿区的红点设计博物馆（Red Dot Design Museum）也是遗产组成部分，红点设计被誉为“设计界的奥斯卡”。红点设计博物馆作为世界上规模最大的当代设计展，在 4000 多平方米的空间里分布着 1000 多个设计作品，它们都是荣获了在全世界享有盛誉的红点设计大奖（red dot design award）的作品。每年都有出类拔萃的设计理念在这里荣获红点奖（Red Dot Award）殊荣，载誉而归。

关注人的需求是本地生活的第一要义

女：在世界范围内，“以物为本”的思想曾主导文化遗产保护，随着文化遗产理论的进步，文化遗产和人的关系经历了从“以物为本”到“以人为本”的转变。人是文化的基本载体，只要有人的地方就有文化，流动的人群是流动文化的承载者。所以城市在本地生活的打造上，也应该从物质建设到以人为本。在众多的旅游资源中，如何让自己脱颖而出，这就是本地生活学要解决的差异化问题，通过本地生活找到差异性并凸显。

父：没有差异，就没有注意。差异是推动旅游行为发生的第一推动力。差异是特点，不论是优点还是缺点，只要足够稀缺就是特点。同样的资源对不同地区的人的吸引力完全不同，所以不同地域、不同人群就能成为彼此的风景。我们习惯于有什么就卖什么。实际上应该是我有什么跟别人最不一样的东西我就卖什么。优点如果不构成特点，就没有旅游价值。不一样的不一定能成功，但是成功一定不一样。

女：每一代新人群都会有新的偏好和新的需求，新的旅游资源也随之被发掘出来。抓住新人群，就能创造出新差异。诺贝尔经济学奖得主、心理学家丹尼尔·卡纳曼经过深入研究，发现人们判断一次经历的主要依据是他们在经历顶峰时刻和终点时的感受，而不是根据每一次经历的总和或平均值，这就是峰终定律（Peak-End Rule）。就是说，我们在一项事物的体验后所能记住的，就只是在顶峰与终点时的体验，而在过程中好与不好体验的比重、好与不好体验的时间长短，对记忆影响很小。所以人真正的需求是什么很重要，只要满足了这个需求，实际的过程并没有那么重要。这其实就是从物质建设到关注人的需求的一种转变。

最近，“进淄赶烤”成为一个热门现象。也许刚开始的时候，人们还真的只是慕名“赶烤”，来尝尝淄博烧烤究竟是什么滋味。但逐渐地，重心就转移到了“进淄”，去淄博感受氛围，变成了一场全民参与的狂欢。

从底层逻辑上来分析，一样东西能让一个人感兴趣的原因多数时候只有一个：这样东西的价值能满足他的物质或精神需求，对他产生吸引力。我想，当下这种能吸引人“进淄”的价值一定不止停留在物质层面上，可能更多是在精神层面上。比如，“宰牛、宰羊、不宰客”的态度；“几十块钱吃到饱”的产品；尊重人性、少走套路，用真心换真心的服务。

父：有追求的城市，一定不会忽略建设城市的精神文明。有追求的人，也一定不会忘记满足自己的精神需求。物质的保障是为了满足精神的富足，而精神的富足才是人生的终极目标。

马克思主义有一个十分著名的命题：“人的本质……在其现实性上，它是一切社会关系的总和。”由于人是社会活动的产物，因此人必

然有物质需求和精神需求。人类的物质需求与精神需求既有区别，又有联系，有时又互相转化。无论如何，人们的物质需求与精神需求总是同一定的社会政治、经济、文化密不可分，总是同一定时期人们的思维、兴趣、习惯联系在一起的。人类的这两种必然的需求，从来都是十分具体的，而不是抽象的；从来都映现鲜明的民族特征和突出的时代特色，而不具有超越时间、空间的特点。

马克思在《〈政治经济学批判〉序言》中将人类生活分为“物质生活”“社会生活”“政治生活”“精神生活”。梁漱溟将人类生活分为三类：物质生活、社会生活、精神生活，分别对应于客观世界、社会世界和主观世界。与美国人普遍意义上的精神生活是指宗教生活所不同的是，中国人讲的精神生活多是指文化消费活动和情感感受状态。精神生活来自精神需要，它不是出于自我生存、以功利性为目的的需要，而是包括怡情、求知、道德、审美乃至价值追求的需要，其核心要旨是避免虚度生命的闲暇时光。

所谓精神生活共同富裕，是建立在一定的物质生活富裕基础上并与之相匹配的美好精神生活的高阶样态，是社会精神生产满足人们精神生活需要的客观活动与主观体验的统一，是精神产品极大丰富和精神境界极大提升同时实现的现实状态。

女：因此很多人说，旅游要提供情绪价值。读万卷书，行万里路。身体与灵魂都要在路上，在行走中融合自然，在放松中减压身心，正成为一种生活的必需品。

旅游消费需求越来越追求个性化、多样化以及户外性，人们的健康、文化、教育等动机不断凸显，客观上推动了旅游行业特色旅游产品的创新供给和规模扩展。疫情冲击使得养生主题旅游、疗愈旅游广泛流行，中医药健康旅游、森林康养旅游产品备受青睐。多个省市的“十四五”文化和旅游发展规划都高度重视康养旅游发展，有的将康养旅游确定为支柱产业，有的专题制定了健康生活目的地的规划，有的专门推出了文旅康养的财政激励政策，康养旅游迎来了发展新机遇。

父：文化是一种精神生活的衍生，是一种习俗和历史的传递方式，在人类的生活与发展过程中有多种方式的体现。文化是只有拥有智慧、情感和想象力以及一定的历史底蕴的群居人类才能逐渐创造并且完善和延续的，人类文明的生活习俗和观念沉淀下来，在不断的发展中形成了文化，文化的根本是传统文化，而传统文化是伴随人类文明的发展而诞生和流传的。

不同背景的人类民族会形成不同的文化。而文化不中断和缺失的流传，需要人类与时俱进保持其活力。文化通过人的思想、语言、行为习惯等表现。也只有人才能将文化弘扬光大。没有了人类民族的维系，文化就无法完整地传承下去。

旅游促进人民精神生活共同富裕有其内在的逻辑。旅游的本质属性是体验，既包含“旅”（人的流动），更体现“游”（带有愉悦性质的游）。在新时代，旅游者已不止于追求愉悦，更注重满足精神需求和情感需要。衡量旅游业发展的质量和水平，不能光看经济效益，还要看能不能提供更多既能满足人民文化需求又能增强人民精神力量的产品。这表明，旅游作为一种文化现象，更应超越经济形态，满足群众的精神需求，还原其公益属性。由于旅游活动涉及多种经济关系和社会关系，因旅游活动而产生的经济功能、社会功能

也越来越突出。旅游作为一种以消遣审美为主的愉悦体验活动，行为的多样化带来功能的多维度。

科学研究表明，旅游不仅表现出经济、社交、生理、审美、社会功能，现代旅游还展现出了文化、认知、德育、再生产等功能，具有综合性、大众性、持续性特质。从精神生产、消费、传播、价值创造的视角，旅游促进人民精神生活共同富裕具有独特的不可替代的作用。

女：我前几天看到有一个有趣的报告，总结了年轻人精神状态的九大关键词。AIGC、在线学艺、上岸、平替、MBTI 测试、松弛感、Citywalk、精神进补、搭子。报告显示，追求自我发展和自我提升是青年最本质的需求，“AIGC”技术的出现引领了效率革命，其热度持续整年。随着 AI 工具的普及，年轻人把更多的注意力放在“在线学艺”上。平台数据显示，化妆、摄影、视频剪辑热度最高。无论是上夜校补习还是在家培养新爱好，这些新技能不仅增强了他们的竞争力，也有助于调节情绪。

在社交方面，年轻人渴望更充分地认识自己，然后通过互联网找到志同道合的朋友去体验新的生活经历。在夸克里用 MBTI 测试性格，提前了解自己究竟是 i 人还是 e 人，成为年轻人在社交前的必备功课。无论是吃饭还是学习，找搭子也是一种年轻人的生活方式。年轻人热衷搜饭搭子、学习搭子和旅游搭子。火爆的 Citywalk 成为他们休闲的新方式。

在消费方面，年轻人越来越趋于理智，不再盲目追求大牌和高价，转而选择性价比高的“平替”产品，防寒三件套、洞洞鞋、收纳箱成为年轻人的热搜“平替”商品。无论是选择“平替”还是追求“精神进补”，年轻人都是为了获得更多的“松弛感”，这也反映了年轻人更加强调内心的自由度和舒适感。

父：现在你们这些年轻人的旅游选择倾向成为社会关注的热点。了解青年群体的旅游行为特点对推动旅游经济复苏、因地制宜助力经济高质量发展具有重要意义。

当今青年群体对旅游的追求不再是网红地打卡或是热门景点人挤人，更多的是追求工作之余心灵的沉浸与放松，以及更经济、更惬意、更有趣的旅游方式，而旅游目的地带来更为真实的体验与多元化需求的满足。

女：现在很多年轻人其实并不是要去旅游，而是通过度假来获得放松，所以这些城市的慢节奏生活对他们来说很有吸引力。年轻消费者不再跟团走传统的旅游线路，也不再跟风去那些热门的旅游城市或者景区打卡，甚至不屑做攻略，而是找一个性价比超值的小城市或是冷门目的地，随心所欲地待上几天。或是随意“迷走”在小城的街头巷尾，在一碗本地人热爱的美食里咂摸生活的滋味；或是单纯“躺平”在酒店，付出远低于大城市的成本享受不失水准的服务……

从本质上说，旅游对于很多人的意义发生了变化，不再追随人流、打卡“网红”，而是寻找彻底放松和愉悦自己的方式。

父：正因为如此，我们才要打造本地生活，本地生活涵盖了多个领域，包括经济、文化、社会、环境等方面。它是一种综合性的生活方式，反映了人类社会的各个方面。本地生活为当地经济提供了重要的支撑。无论是服务业还是制造业，都需要本地生活的支持和推动。同时，本地生活也为当地提供了就业机会和税收来源。

本地生活具有文化传承性，它承载了历史和传统，是当地人民长期积累的智慧和经验的结晶。同时，本地生活也在不断发展和创新，为传统文化注入新的活力。从你的角度看，年轻人出去旅游的目的是什么？

女：青年一代旅行的主要目的是通过旅行缓解长时间工作、学习的压力，释放疲惫的身心。同时，追求个性的当代青年人对出行方式及旅游元素的趣味性要求较高，到非传统旅游目的地旅行成为一种新趋势。寻找小众个性的地方，看不一样的风景，玩出独特新鲜的体验，成为年轻游客群体的新追求。此外，随着文旅深度融合，“IP+旅游”“观展+旅游”乃至“展会+旅游”都成为出游新风潮。越来越多的年轻人会为了一个音乐节、一次灯光盛宴而奔赴一座城市。

在打造本地生活的过程中，我们也要把人的需求放在第一位。要切实了解不同人群的具体需求，比如旅游攻略虽好，但是也让“旅行”成了流水线产物，让我们失去了旅途之中的新鲜感和惊喜感，并且不同城市的建筑、景区千篇一律的改造、更新，缺乏真正在地的风土人情体验，以至于到达某地的旅游经历越来越空虚，而“村超”、跳水这些本地特色让旅游有了鲜活感。

> 此前游客需求主要集中在视觉上体验，而现在的游客，除了视觉之外，更注重精神、情感与旅途的体验，上半年寺庙旅游、Citywalk 相继走红就是同样的道理，如参加 Citywalk 的年轻人，会想要深入去了解历史、地理、人文、风俗等各方面，在故事中感受一座城市鲜活的生命力。
> 国内旅游市场也在慢慢恢复，2023 年也有很多地方的文旅出圈，透过危机抓住机遇，我相信在更多“同龄人”的参与和推动下，旅游业也有望迎来更加多元化、个性化发展的新时期。

走出咖啡店，正好赶上日落，武康路可讲的故事太多了。“走进这里，不会写诗的人想写诗，不会画画的人想画画，不会唱歌的人想唱歌，感觉美妙极了。”80 多年前，大文豪萧伯纳为武康路写下如此优美的赞誉，我想这也是武康路吸引名人学者的一大原因吧。

课堂金句

1. 世界上没有完全相同的城市，城市从诞生之日起，就打上了各自传统文化和地域文化的烙印。
2. 旅游不再仅仅是一种休闲方式，更成为一种寻找仪式感和独特记忆的活动。
3. 没有差异，就没有注意，差异是推动旅游行为发生的第一推动力。

第四堂课　重构

城市必须不再像墨迹、油渍那样蔓延，一旦发展，他们要像花儿那样呈星状开放，在金色的光芒间交替着绿叶。

——帕特里克·格迪斯《进化中的城市》

课前提要：城市更新已成为城市发展常态，它的核心是塑造城市难以忘怀的空间场域，让全民共同参与创作，提高城市吸引力，实现从满足消费，到引领消费，再到创造消费的全面跨越，这也是“城市聚场经济学”的理念核心。

对谈场景：上海张园

老上海有句家喻户晓的名言叫“不到张园等于没到过上海”。这里有古老的石库门，是上海现存规模最大、保存最完整、建筑风格最丰富的石库门建筑群之一，也有年轻人们趋之若鹜的网红潮店和经典“首店”，成为众多影视剧的拍摄取景地。

今天下午阳光正好，我和老爸沿着张园附近的茂名北路漫步，“19 世纪的海上第一名园”经有机更新植入了不少新潮业态，东部区域设置精品酒店、公寓和创意办公场所，西部区域引入国际高端奢侈品牌业态，南北区域则是文化演艺中心、潮流中心和美术馆等文化场馆。

如今张园作为上海首个保护性征收的“城市更新”项目焕然一新，成为卓越上海面向世界的会客厅。我们路过临街的一家现代德国餐厅，点上两份汉堡与黑啤坐下开聊。

城市更新已成为城市发展常态

女：老爸，今天是“三八”妇女节。

父：哦，你是想送我礼物？

女：嗯哼？

父：你看，因为有我们男性才设立的“三八”妇女节，如果世界都是女性，那一定不会设一个妇女节，所以你是不是应该送我礼物，有对比才有社会的进步嘛！

就像我们现在的百年张园，它为何被看作城市更新的先行者标杆呢？其实张园是上海首个保护性征收的城市更新项目，征收前，共有居民1122户，其中576户居民还在手拎马桶。很多房屋经过超负荷运转已经损坏，老百姓改善居住条件的呼声十分强烈。

经过一系列有机更新，用最新的潮流文化、艺术、时尚等元素加持，引入国际顶尖品牌，导入首发、首店经济和体验式、引领性的时尚消费，成为中心城区独具魅力和美誉度的商圈商街，逐步恢复历史上的公共属性，成为市民往来游憩之地。

女：张园几经兴衰，从“海上第一名园”的热闹，到石库门洋房高档生活的精致，再到市井文化的杂烩，张园的功能伴随着上海城市发展也不断变化，但它所承载的海纳百川的生活方式却是一脉相承的，得以让上海的精神在这里延续下去。

父：这个项目一开始的目标就要打造为上海历史风貌区城市更新的标杆与典范，弘扬其文化底蕴与“原真性”特色才是重中之重。
从地区的文脉特点出发，弘扬建筑的历史价值与艺术特征，结合市场需求，明确了整个历史街区的更新框架，形成了可持续发展的城市更新理念与开发策略。这在上海城市更新案例中首屈一指，给后续的街区更新提供了先导思路。

女：关于国内外的城市更新我也曾有一些研究，其实在国内城市更新已成为城市发展的新常态，其产生的背景在于中国城镇化的快速增长，一、二线城市刚性限价、城市核心区域土地开发趋近饱和、土地供应紧张的问题日益严峻，而城市更新有助于盘活存量用地，推动空间转型升级，满足城市经济社会发展的需要。
我国城市更新已由 20 世纪 80 年代至 90 年代的以地产导向的旧城开发转向以社会、经济、文化、生态等综合维度的更新。随着技术进步与收入水平提高，越来越多的人已不再满足于简单的物质需求，开始思考如何获得个体的全面发展，开始从工作场所的束缚中解脱出来，更加关心生活质量，开始主动选择城市。
反观西方国家城市更新的历程，因为受到规划思想、经济发展、城市困境的影响，在不同的发展阶段重点不同。
“二战”前，西方国家城市更新的形式主要是城市美化运动，城市更新主要是在街道、城市雕塑、公共建筑、公园、娱乐设施、开放空间等方面，以达到美化效果为主。

“二战”后的美国、英国和其他西方国家，城市更新发展历程大致可分为几个不同阶段：20 世纪 40—50 年代，以推土机式推倒重建为最大特点，消灭贫民窟，重建大量新建筑以获取较高财政收入。20 世纪 60—70 年代，更加关注社会公平的综合更新改造开始兴起，更注重对现存建筑质量与环境质量的提高。到了 20 世纪 80 年代，西方主要发达国家普遍陷入“经济滞胀”困境，很多城市陷入了严重的经济危机，城市更新逐渐从以往关注大规模的综合性更新改造转向较小规模的项目改造。从 20 世纪 90 年代至今，城市更新的指导思想开始转向人本主义思想和可持续发展观，重视社区角色共同参与。

父：从西方国家城市更新的发展历程看，有什么值得中国借鉴的规律和发展经验呢？

女：我认为有三方面[1]：第一大规律是由拆除重建到综合改造再到小规模、分阶段的循序渐进式。

第二次世界大战后，城市更新的形式主要是拆除重建。为了改变城市形象并提高城市土地利用效率，西方各国展开了大规模城市更新运动。更新政策着重于物质环境的更新，主要是对城市中心区土地的强化利用，开展了清理贫民窟行动。通过新建购物中心、高档宾馆及办公楼来取代过去

1《有机更新是城市更新的发展方向》，知乎，https://zhuanlan.zhihu.com/p/569208857，2022 年 9 月 29 日。

的贫民窟。

20 世纪 60—70 年代，通过对前一阶段清除贫民窟行动的反思，城市更新政策不再单纯考虑物质因素和经济因素，而是综合考虑就业、教育、社会公平和福利等多种因素，特别是更加关注社会公平和福利，城市更新由单纯物质更新逐步转向综合改造。到了 20 世纪 80 年代，西方城市更新政策更加强调自由市场作用，政府导向的带有福利色彩的大规模的综合改造逐渐转为市场导向的较小规模的项目改造。进入 20 世纪 90 年代，西方城市更新则是以小规模、分阶段的循序渐进式的有机更新为主。

第二大规律是由政府主导到市场导向再到多方参与。

在实施主体方面，欧美国家经历了从中央、地方政府为主，到政府与私人投资者合作，再到政府、私人部门和社区等地方团体三方共同进行和控制城市更新开发的过程。

在二战后，20 世纪 40—50 年代和 60—70 年代这两个阶段，政府成立对城市更新授权、执行政府的财政措施的组织，对授权区的土地、基础设施进行经营开发，实现更新改造的目标。

20 世纪 80 年代这一阶段，由于自由市场主义盛行，公共部门的作用不断被淡化，再加上更新周期长、需要庞大资金支撑的更新项目越来越难以实施，逐渐转向以市场为导向的房地产开发。同时，政府鼓励公私合作，开展城市更新。为确保城市更新进程，欧美国家提供财政补贴，如英国的城市发展基金、美国开发活动津贴等，利用资金的杠杆效应力图以较少的公共资金带动私人资金投入到城市更新中。

进入20世纪90年代阶段，伴随以人为本理念提出，城市更新更加强调社区参与，通过开展社区规划，实施社区复兴。

第三大规律是由物质环境更新到注重社会效益再到多目标导向。

在20世纪40—50年代阶段，城市更新的最大特点是推土机式推倒重建，即通过大面积拆除城市破败建筑和清除贫民窟，来全面提高城市的物质形象，达到物质环境的更新。

在20世纪60—70年代阶段，城市更新运动的关注点由单纯物质环境更新转向社会效益的综合平衡。城市更新政策不仅考虑物质因素和经济因素，更强调通过改造提升原居民的社会福利和公共服务水平。

到了80年代和90年代以后，在“人本主义”规划思想影响下，城市更新有了质的变化，从单纯的物质更新发展到基于经济、社会、文化等多元层面的整体更新，城市更新日益强调城市功能，特别是城市的商务、零售、娱乐和休闲功能。拆除重建式的城市更新逐渐过渡到以保护、传承、提升为主要内容的有机更新。

城市更新概念

城市更新源于20世纪中叶西方国家为解决城市中心区衰落、城市发展出现郊区化现象而采取的一系列城市更新活动，也是西方国家在进入城市化后期而采用的城市发展模式。

在我国，深圳是最早提出城市更新的城市，于2009年制定地方政府规章，并实施一系列城市更新案例。而后广州、上海等城市相继发布当地城市更新地方性法规，对城市更新做了定义及适用范围界定。

但从对各城市更新的内涵界定来看，城市更新定义还未完全统一，归纳其本质，是在原有城市基础上不断迭代升级的过程，在原有城市上“建设”新城市的各种更新活动。其递进过程主要包含城市空间结构、人居环境的不断优化；城市功能、治理能力不断优化；最终在城市存量发展的趋势下，实现城市内涵式增长。

扩展阅读：中国城市更新政策脉络梳理

2009 年，国土资源部和广东省政府经协商并报国务院同意，决定共同推进节约集约用地试点示范省建设，并将旧城镇、旧厂房、旧村庄改造作为推进试点示范省建设的一项重要任务。

2013 年，国土资源部对广东的“三旧”改造经验进行了全面总结，并上报国务院，获得同意后陆续在浙江、辽宁、上海等地推广。

2013 年，中央城镇化工作会议：我们的城市有许多历史记忆，特别是一些历史悠久的老城区，是最宝贵的东西，不能因为浮躁、无知而破坏掉。

2015 年，中央城市工作会议：要控制城市开发强度，科学划定城市开发边界，推动城市发展由外延扩张式向内涵提升式转变。

2016 年，《关于进一步加强城市规划建设管理工作的若干意见》（中发〔2016〕6 号）：要有序实施城市的修补和有机更新，解决老城区环境品质下降、空间秩序混乱、历史文化遗产损毁等问题，促进建筑物、街道立面、天际线、色彩和环境协调、优美。

2016 年，《关于深入推进新型城镇化建设的若干意见》（国发

〔2016〕8号）：加快城镇棚区、城中村和危房改造，建立城镇低效用地再开发激励机制。

2017年，住建部提出城市双修，《关于加强生态修复城市修补工作的指导意见》，通过对山体、水体、水系、绿地来修补城市的功能空间环境，补足城市的短板。

2018年，《关于进一步加强城市既有建筑保留利用和更新改造的通知》：加强既有建筑的保护利用和更新改造，要严格对既有建筑的拆除问题进行管控。

2019年，对三亚、徐州等58个城市开展城市双修试点工作，进行了经验总结与推广。

2019年，中央经济工作会议首次强调了“城市更新”这一概念。会议提出，要加大城市困难群众住房保障工作。加强城市更新和存量住房改造提升，做好城镇老旧小区改造，大力发展租赁住房。

2020年4月，为加强城市与建筑风貌的管理，印发《关于进一步加强城市与建筑风貌管理的通知》（建科〔2020〕38号），对超大体量的公共建筑、超高层地标建筑、重点地段建筑进行严格管控，严格限制各地盲目规划建设超高层“摩天楼”，推进历史建筑的保护利用。

2020年7月，国务院办公厅《关于全面推进城镇老旧小区改造工作的指导意见》（国办发〔2020〕23号），明确老旧小区改造任务、组织实施机制等。

2020年8月，住建部会同12个部门印发《关于开展城市居住社区建设补短板行动的意见》，推选完整社区建设。

2021年，《中共中央关于制定国民经济和社会发展第十四个五年规划和二〇三五年远景目标的建议》，明确提出实施城市更新行动，推进城市生态修复、功能完善工程。

2021 年，李克强总理在政府工作报告中介绍“十四五”时期主要目标和重大任务时指出，深入推进以人为核心的新型城镇化战略，发展壮大城市群和都市圈，实施城市更新行动。

2021 年 9 月，住建部《关于在实施城市更新行动中防止大拆大建问题的通知》：控制大规模的拆除、增建和搬迁，保留利用既有建筑、保持老城格局尺度、延续城市特色风貌。

2021 年 10 月，中共中央办公厅、国务院办公厅《关于推进城乡建设绿色发展的意见》：转变城乡建设发展方式，推进既有建筑绿色化改造，鼓励与城镇老旧小区改造、农村危房改造、抗震加固等同步实施。

2021 年 11 月，住建部办公厅印发《关于开展第一批城市更新试点工作的通知》，决定在北京等 21 个城市（区）开展第一批城市更新试点工作。

扩展阅读：西方国家城市更新的发展演变

“二战”后期，西方国家城市更新发展历程大致可分为四个阶段。

（1）第一阶段： 20 世纪 40—50 年代，清除贫民窟为代表的物质更新。

由于受到 20 世纪 30 年代经济大萧条的打击和战争的破坏，西方国家（主要是欧洲国家）在战后普遍开始了大规模的城市更新运动，并拟订了雄心勃勃的城市更新计划。该阶段城市更新内容主要为城市中心区改造与贫民窟清理，目的是振兴城市经济和解决住宅匮乏问题。

为了改变城市形象并提高城市土地利用效率，许多城市展开了大规模的清理贫民窟行动，通过新建购物中心、高档宾馆及办公楼来取代过去的贫民窟。例如，英国大规模的清除贫民窟运动始于1930年的《格林伍德住宅法》，是世界上最早开始实施城市更新的国家。美国在1937年出台《住宅法》的目标就是改善住房，其城市更新运动也从大规模清除贫民窟开始。

推土机式推倒重建是这一阶段城市更新的最大特点。另外，焕然一新但多有雷同的城市面貌不仅使城市居民觉得单调乏味和缺乏特色，还带来大量的社会问题。因此，有些西方学者甚至将这一阶段的城市更新运动称为相对于战争而言的"第二次破坏"。

将居民迁走，并在原贫民窟旧址上建起大量新建筑，以获取较高的财税收入。当时在美国的纽约、芝加哥和英国的曼彻斯特等贫民窟较多的城市，这种做法比较普遍。然而几年以后人们便发现，大规模清理市中心贫民窟的同时，对迁居者的住房安置计划却进程缓慢，原居住者的生活反而变得更糟。一方面是由于更新改造计划多发生在城市中心区中楼宇老化、设施缺乏并居住大量低收入阶层的地区，很多人无法支付改造后高档住宅的租金，因此被迫外迁。另一方面是由于城市更新改造具有一定的开发周期，期间的住房紧缺状况无法得到有效解决。因此，有学者认为这种城市更新只是把贫民窟从一处转移到另一处，更糟糕的是它摧毁了已有的邻里和社区关系。

（2）第二阶段：20世纪60—70年代，更加关注社会公平的综合更新改造。

在第二次世界大战后的复苏期之后，西方国家在20世纪60年代进入了经济快速增长时期，加上对前一阶段清除贫民窟行动的反思，城市更新运动的重点也随之变化，主要体现在三个方面。

一是更加强调对综合性规划的通盘考虑。如在城市更新政策的实施中，吸取了战后初期阶段的教训，不再单纯考虑物质因素和经济因素，而是综合考虑就业、教育、社会公平等多种因素。

二是更加关注社会公平和福利，人们认为向居民提供更好的公共服务是政府的责任。因而，此时期的城市更新制度更加注重对弱势群体的关注，强调通过改造提升被改造社区的社会福利和公共服务水平，从而解决社会问题。

三是对更新改造地区，从推倒性拆除重建逐步转向注重对现存建筑质量与环境质量的提高。

随着这一阶段城市更新运动的关注点由单纯物质更新转向社会效益的综合平衡，相应的城市更新法规也随之出台。1966 年，美国出台了《模范城市与都市发展法案》，该法案严格限定了联邦和地方政府资助模范城市计划资金的使用范围，并通过各种附加条件强调中低收入者的公众参与，同时还提出了对城市肌理的保护和改善。1974 年出台了《住房和社区发展法》，该法案允许为污水处理、社区娱乐设施、住房等一系列项目提供基金，并要求社区开发资金按照一个固定公式进行分配，其中大部分资金用在服务低收入人群和中等收入人群。在每个社区开发项目中至少应包含一个房屋援助计划。在英国，1974 年《住房法》标志着英国城市更新政策的重点从城市物质形态的改善转移到对社会问题的关注上，其后颁布的《内城区法》，对内城更新过程中的居民就业、住房、教育、交通等问题都给予了高度重视。上述一系列城市更新政策、法规的颁布实施，反映了这一时期西方城市更新运动重点的转变。

（3）第三阶段：20 世纪 80 年代，市场导向的旧城再开发。

20世纪70年代末至80年代初，以石油危机为导火线，西方主要发达国家普遍陷入“经济滞胀”困境，很多城市陷入了严重的经济危机。

伴随全球经济结构性调整，刺激经济增长成为西方国家政府的首要任务，也促使人们对城市更新运动做出进一步反思与调整：一是从政府导向的福利主义社区重建，向以市场为导向、以房地产开发为主要形式的旧城再开发转变；二是逐渐从以往关注大规模的综合性更新改造转向较小规模的项目改造；三是由政府主导转向公、私、社区三方伙伴关系为导向，更新周期长、需要庞大资金支撑的更新项目越来越难以实施。

（4）第四阶段：20世纪90年代至今，以人为本和可持续发展导向的有机更新。

进入20世纪90年代以来，城市更新的指导思想开始转向人本主义思想和可持续发展观，对人居环境的重视度不断提升，强调从社会、经济、物质和环境多维度综合治理城市问题，以及重视社区角色共同参与。

到20世纪90年代后期，西方国家的城市更新运动又和国际范围内广泛兴起的可持续发展思潮相融合，从而出现了更加注重人居环境、生态环境和社区可持续性发展等新的政策取向。1996年6月，联合国在伊斯坦布尔召开的“人居二”（HABITAT Ⅱ）会议确立的21世纪人类奋斗的两个主题——“人人有合适的住房”和“城市化世界中可持续的人类住区发展”——也明确指出了当前城市更新政策的价值取向。

在这种价值观引导下，法国于2000年颁布了《社会团结与城市更新法》，该法案将城市更新定位为以推广节约利用空间和能源、复兴衰败城市地域、提高社会混合特性为特点的新型城市发展模式。英国于2003年制定了“可持续发展社区规划”，主张在以人为本的原则下，通过社区的可持续发展与和谐邻里的建设来增强城市经济活力，并重视从战略和区域的角度来解决城市问题。这标志着西方城市更新运动已进入以可持续发展和多目标（社会、经济、环境等）和谐发展的新阶段。

城市“微更新”创造居民大幸福

女：现在很多城市的政府工作报告中都提到了城市更新，在国内各大城市也涌现出很多经典的案例，从中可以看出未来有哪些新的趋势吗？

父：国内一些规模比较大的城市已经走入微更新的阶段了。2018年10月，习近平总书记在广东考察时指出，“城市规划和建设要高度重视历史文化保护，不急功近利，不大拆大建。要突出地方特色，注重人居环境改善，更多采用微改造这种‘绣花’功夫，注重文明传承、文化延续，让城市留下记忆，让人们记住乡愁”。

从这之后，各大城市开始精细化管理，实施城市微更新。比如，北京在老城胡同中进行社区营造实验，提出“共生院”的改造思路，将腾退出来的院落进行统一规划，设置成老年活动室、老年健康室、老年食堂、图书馆、文化室、儿童活动室等便民场所，还可以做成民宿、民俗博物馆、文化创意园等，设置公共空间，激发居民自发地维护公共区域的美观，凝聚邻里关系，同时又能吸引年轻人群的进入，给社区带来新活力。

上海提出“建筑是可阅读的，街道是可漫步的，公园是最宜休憩的，市民是尊法诚信文明的，城市是有温度的”，彰显了城市发展理念的跃迁。目前，微更新已成为城市建设主旋律。

城市更新案例：共生院

北京胡同中的四合院，曾是中国人的理想家园。自中华人民共和国成立以来，由于人口的激增与家庭结构观念的转变，大户人家的四合院成了几家人混居的“大杂院”，杂院中的居住环境逐渐与现代生活脱节，房间缺乏采光、格局混乱、冬冷夏热、漏水，厨房厕所更是老大难，各种私搭乱建破坏了传统建筑格局，也损害了古城区的整体风貌。

为了保住老北京的味道，又能提升居民的生活质量，于是开始胡同的更新改造工程。

在北京胡同建筑的更新改造过程中，经历了一次次漫长的实验。最初的尝试是让胡同居民的生活好起来。吴良镛教授在《北京旧城与菊儿胡同》一书中提出“有机更新”理论，主张采用小而灵活的方式进行城市更新，在可持续发展的基础上，拆除危、旧房，修缮改造一般的居住院落，保留形态完整的居住院落。

在不破坏原有建筑的原则下，也能让四合院居民拥有现代化的生活环境，建筑师们最初的尝试是采用“插入”的模式，致力于将微小空间变得宜居。

在之后的城市更新多年实践中，又提出一种新的老城保护更新模式——微循环、微更新，不仅能最大限度地还原历史文化街区传统风貌，同时还能塑造高品质的城市公共空间。诞生了北京市第一个为社区居民提供邻里聚会、厨艺分享、议事等功能的“社区会客厅”——白塔寺街区会客厅。

直到2019年，《北京市政府工作报告》提出“共生院”的改造思路，为老城保护打开了一扇新世界的大门。在“共生院”里，老建筑得到了保护性的修缮，居民的生活设施配套得以完善，同时以民宿、青年公寓等形式引入新居民，也可以让图书馆、文创空间等产业进入，还可以成为便民服务网点、社区居民服务中心等。“共生院”的概念也可以扩展到“共生街区”层面，不同功能、形态的院落之间也可以实现共生。

通过“共生”方式的探索，为古老的胡同引入年轻的力量，在旧的领域植入新的内容，这就像给鱼缸换水，不能把水全部换掉，如果一次换掉三分之一，三分之二还是原来的水，这样鱼也能适应，加入的水也很容易能够跟原来的水结合在一起，这样的健康状态，才是城市更新的基础[2]。

2《“共生院”原型：一场漫长城市更新实验的新篇章》，天津凤凰空间，https://baijiahao.baidu.com/s?id=1746909929405764634，2022年10月17日。

城市更新聚焦品质生活

女：城市更新的主要对象是“三旧一村”——老旧小区、老旧厂房、老旧街区和城中村，但在更新目标上更注重民生需求，注重公共服务的普惠性和普适性，比如，在城市社区嵌入公共服务设施，“一刻钟便民生活圈”、无障碍环境建设、适老化、儿童友好等理念也逐步深入。

其实，城市更新更重要的是“以人为核心”，聚焦民众需求、解决突出民生难题、创造百姓高品质生活，同时形成多元主体参与的社会氛围。

城市更新离不开人的生活价值观和方式变化。相对于上一代人以工作本身为重的价值观，现在的年轻人更喜欢城市、重视生活，工作选择首先考虑城市生活环境。

《2019 中国青年理想城报告》进行过一项调查，“城市发展能级”和“工作机会”只是年轻人选择城市的部分理由，甚至在评价体系中所占权重之和不超过 1/3。

而年轻人选择理想城市更看重的是居住便利度、商业资源偏好、环境友好度、自我成长氛围、生活新鲜感、文化娱乐活力，这些指标都指向城市的生活品质。因此可以说，只有良好的城市生活品质，才能吸引到更多的年轻人。

城市更新等发展问题最终还是要回到城市品质提升的问题上，经济发展需要新兴产业，新兴产业依靠年轻技术人才，而年轻人看重城市的生活品质。城市的生活品质直接关系到城市对年轻人的吸引力，这才是城市在“抢人”大战中的核心竞争力。

父：“人们选择生活的城市，在城市里面寻找职业。”城市更新项目从住宅更新、厂区更新延伸到社区更新和商圈更新，其实就是在满足更多“分众”需求。

在城市更新理念创新方面，彰显“友好城市”的目标，重点满足“一老一小”等弱势群体需求。比如，湖南长沙建设儿童友好型城市，除了色彩鲜艳、设施圆润、尺度合适之外，还建有“儿童友好”街区，服务覆盖母婴室、上学交通道路每隔 10 米设置慢行牌、公共交通等空间，让城市建设更具包容性。

在城市更新参与主体方面，尊重多元主体的选择。例如，江苏南京小西湖街区保护与再生项目中采用渐进式更新，小尺度、渐进式和“一房一策”等方式微改造，在保留原有居住功能及院落形态方面给予居民去留选择权，居民自主选择空间功能，全过程参与公共空间设计并合作建设。

在城市更新功能塑造方面，更强调市民的体验性。例如，“瓷都”江西景德镇 2016 年起一直为国内外的“景漂”提供低价的驻场创作地、创业平台和其他服务支持，培育陶瓷教育机构，形成艺术机构合作网络，瓷文化产业集群人才持续聚集，结合陶瓷文化体验运营，被称为中国最成功、运营效益最好的文创产业园区，成为世界陶瓷艺术行业的焦点。

女：城市更新应该契合产业发展规律，同时也离不开和人的生活价值观的有机结合。从外国很多城市的更新实践中，也能看到类似的趋势和特点。

国际上的城市更新通常会顺应产业发展需求和趋势，给建成区、老城区带来培育新经济活力的机会。例如，在美国，1990 年美国的科创活动、高科技企业、初创企业的聚集都在城郊硅谷等园区，但近二十年来开始回流到都市，在纽约、旧金山等城市的老城区，逐渐形成科技、文化创意交融的新经济体。

1995 年时，纽约为了吸引那些向往硅谷的人才，提出了与“硅谷”相对应的“硅巷”一词进行巧妙宣传。最初的“硅巷”只是曼哈顿地区一个地名概念，而后逐渐扩展到更广泛的城市区域，聚集了大量新媒体、网络科技、金融科技等企业，形成了一个没有明确边界范围的科技产业集群地区。

我们从中可以借鉴到的是，通过对具体场景的构建，以更包容的态度为那些科技产业中的科技岗位、非科技岗位、服务于科技产业的间接工作岗位的从业者们提供更好的生活、就业环境和技能支持，真正践行“人民城市人民建，人民城市为人民”的重要理念。

再如，伦敦的东区，历史上曾一度被称为伦敦“城市伤疤”的贫困旧城区，是低收入工人阶级和外部移民的驻地。在 1970—1990 年，随着大伦敦向外发展以及创意阶层的崛起，伦敦城郊吸引了众多艺术家和文化创意人群入驻。东区也作为大伦敦文化创意的新中心被人们重新认识。

曾经杂乱无序的劣质地区，如今拥有极高的性价比，无处不彰显着自由与活力，曾经的低端人口也在源源不断地输入多样的文化魅力。当创意经济来袭时，伦敦东区曾经的劣势在新时期成功逆转为塑造区域竞争力的关键因素。

场域导演营销学重构本地生活

父：我们刚刚探讨的案例都在说明一个结论，成功的城市更新，不仅是物质空间的更新，还应该能够促进各类人群、经济活动、产业活动、科技创新活动的成长和城市功能的更替。

经济、产业发展的需求、人的生活需求，是城市更新最重要的动力。同时，这些也离不开稳定的、可持续的城市政策激励下市场主体的广泛参与。

女：从我们今天提到的案例中也可以发现，与城市更新相关的空间往往具有社会文化属性，可以对社会关系进行调节与重塑。以城市更新提高社会关系的融合度，除了需要与城市空间相关的物质性要素，更要体现文化交往、日常生活等互动性要素以及城市精神、城市品格等精神性要素。

“文化记忆”理论提出者扬·阿斯曼认为，每种文化都会形成一种“凝聚性结构”，起到连接和联系的作用。城市更新所改造的文化空间，不仅是地域共同体，更重要的是文化共同体，它们既能通过文化力量来表达城市精神品格，又能展现和谐稳定、兼容并蓄的城市格局。城市的文化作为一种地方性知识，能够消除偏见、维护社会和谐、推动社会融合，城市更新不能破坏文化的地方导向功能。

对于城市中的历史街区改造，可以将原先封闭的街区转换为开放共享的公共空间，唤醒城市空间在历史和时间维度中的文化记忆；也需要将当代社会生活重新引入到已经丧失部分功能的旧建筑中，让历史街区重新焕发价值与生命力。同时城市更新还要营建共融共生的空间体验，增强市民和游客的文化认同感。城市更新应该以属地的人为中心、以地方体验为主导、以地方文化为指引，实现从空间建造到场景营造的地方性转变，增强空间归属感、场景体验感，以城市文化的地方性弥补人与城之间的疏离感。

父：其中可以总结出很多理论性的东西，我从最早的东北不夜城到后来全国开花的不夜城模式中总结出了一个新的概念叫“场域导演营销学”。“场域导演营销学”理论在全国不夜城项目中都有体现。后营销时代，塑造令人难以忘怀的空间场域，通过导演手法让游客沉浸其中，才能够刺激游客消费。必须让全民共同参与创作，每一个人都是自己的作者，实现从满足消费，到引领消费，再到创造消费的全面跨越。

未来社区满足人民对美好生活的向往

父：城市更新改善了城市人居环境，也在一定程度上重塑了社区居民的社会关系。在新冠疫情期间，社区作为疫情防控战中的基本作战单元，起到了非常关键的作用。社区不仅是城市的基本单位，更是城市文化融合、市民凝聚力和幸福感提升的重要场所。

随着新一轮科技革命和产业变革的深入，社区也亟须迎来功能转型，逐步转变成更具人文关怀、智慧、低碳、共享的区域。

2019 年，浙江省率先按下“未来社区”建设的启动键，在省政府工作报告中首次提出“未来社区”这一概念，并着手推进首批 24 个试点项目。

通俗地讲，“未来社区”是以满足人民美好生活向往为根本目的的社区；是围绕社区全生活链服务需求，以人本化、生态化、数字化为价值导向，以未来邻里关系、教育、健康、创业、建筑、交通、能源、服务和治理等众多场景创新为引领的新型城市功能单元。

相较传统社区，未来社区更“以人为本”，注重满足居民对美好生活的需求及优质环境的打造，重视数字技术在社区建设运营中的应用及低碳生活方式和生产方式的实施。

“未来社区”概念的兴起，也给城市更新过程中的社区管理和智慧城市构建问题提供了新的发展路径。

女：“未来社区”已是国际热点，关于“未来社区”的探索和构建在全球范围内不断出现。

我在新加坡上学期间，他们的"邻里中心"（Neighborhood Center）计划进行得如火如荼，可以说是"未来社区"最早的探索雏形。"邻里中心"摒弃了沿街为市的粗放型商业形态，也不同于传统意义上的小区内的零散商铺，而是立足于"大社区、大组团"进行功能定位和开发建设，经过长时间的发展与探索，如今已成为新加坡城市名片的新一角，为众多国家所借鉴。

"邻里中心"坚持以本区居民日常生活为中心的理念，基础设施的建造以满足人们"在住所附近生活、交流"的需要为前提，构建了一套强大的"家庭住宅延伸"体系。在这一体系下，菜市场、超市是厨房的延伸；浴室、洗衣房是卫生间的延伸；影院、茶座、歌舞厅是客厅的延伸；图书馆、阅览室是书房的延伸。

"邻里中心"的构建为"未来社区"提供了最初的构想，而随着时代的发展与技术的进步，"大社区"的涵盖范围也逐渐得到了拓展，"未来社区"的理想状态也日渐清晰。越来越多更具包容性的场景融合到社区之中，建设更加智能、绿色、包容的社区成为"未来社区"的新时代内涵。

父：如今在人们更加追求美好生活的大背景下，"未来社区"围绕社区全生活链服务需求，以"社区生活"为切入点、"人本化"为核心、"生态化"为特色、"数字化"为路径，并将这一理念贯穿于旧城改造与新型社区打造，为全国可持续的智慧化服务社区生态圈的实施做出了积极地探索。

建设高标准未来社区需要以未来邻里、教育、健康、创业、建筑、交通、低碳、服务和治理为引领的“九大场景”进行科学布局。在实践中大胆探索建设具有归属感、舒适感、未来感的新型城市，打造真正符合“人民对美好生活向往”的未来社区。
那么对于城市更新的未来，你有怎样的看法呢？

女：未来，城市更新应该更多地回归城市生活本身，以重塑“社会价值”、重塑“场所精神”为目标，更多地赋予城市普通市民塑造城市生活的权利，激发城市空间自我再生能力。城市的活力离不开个体的互动与联结，城市更新也更加关注对城市居民需求更深层次的挖掘和引导。不同于个体需求，社群拥有更为完整的功能需求与更趋势化的演变逻辑，在满足需求的基础上如何创造需求、引领需求也成为城市更新未来的重要策略。

父：这几年在外面学习得不错嘛，今天的交流探讨也让我获得了很多启发，下次继续。

课堂金句

1. 城市的生活品质直接关系到城市对年轻人的吸引力，这才是城市在“抢人”大战中的核心竞争力。
2. 城市更新应该以属地的人为中心、以地方体验为主导、以地方文化为指引。
3. 城市更新应该更多地回归城市生活本身，更多地赋予城市普通市民塑造城市生活的权利。

第五堂课　形态

消费并不完全都是劳动力的再生产过程，真正的消费就是一种人性恢复的过程。

——马克思

课前提要：不同人群有着差异化的消费喜好，并呈现出丰富多样的现象级消费形态，挖掘消费潜力，创造具有吸引力的城市消费场景，重塑现代城市更新与发展路径，打造主客共享的城市生活圈。

对谈场景：上海 TX 淮海年轻力中心

在国外读书的这些年，上海一个个年轻活力的“青年乐园”如雨后春笋般涌现。位于淮海路的 TX 淮海年轻力中心，是国内首个策展型零售商业空间，以“年轻力”为原动力，快闪、艺术展、派对、品牌活动等层出不穷。

在淮海路中段，常年排着两条队伍，一条是光明邨门口的中老年消费者队伍，一条是 TX 淮海门前清一色的年轻消费者。黄浦区商务委的一组数据显示，TX 淮海直接带动淮海中路中段日均客流超 10 万人次，由 TX 淮海带动的中段活力街区正在慢慢形成。

今天我带老爸来到四楼的 nextlab 多元艺术空间，专门来观赏台湾导演方文山与 AWHITE 毛绒艺术品牌创始人金宇航联合举办的《毛绒与齿轮》艺术画展，我对这“庞克猫”精品手办真是抵挡不住的喜欢，那今天谈话就从这里开始吧。

取悦自我是“00 后”根本形态需求

女：老爸，知道我最喜欢您哪一点吗？

父：哪一点？

女：就是我喜欢什么您一定会给我买，比如您现在有没有觉得这个“庞克猫”很可爱？

父：哈哈，好久没一块逛街了，没想到你还和小时候一样很喜欢这些毛茸茸的玩具。好，买！

女：爱你呦，老爸。其实不只是小孩子，现在我们很多年轻人都很喜欢养宠物，把自己称作是“毛孩子”的“饲养员”，目前国内宠物（犬猫）整体数量已经达到 1.1 亿只，每年还在保持稳健增长的趋势呢。
一项研究表明，特别是高学历、高收入的独居青年是当下饲养宠物的主要人群。其实因为我们这一代人生活压力和精神压力好像更明显，而与宠物互动可以带来更丰盈、更持久的愉悦感、幸福感，从而减轻压力。宠物所带来的单纯的、无条件的陪伴与抚慰，是其他东西不可替代的。

父：人们爱宠物，很大程度上是因为它们无条件地接受自己。从年

轻人为宠物消费的现象也能看到年轻人会为了情绪去消费，比如陪伴、悦己、猎奇等。这些在我们这一代人看来似乎有点冲动消费的意味。

女：现在“冲动消费”“超前消费”已经成为当代年轻人的专属标签了，从这两年的热点事件也能看到一些新趋势，比如“跟着夕阳团旅行”“涌入社区食堂”“特种兵式打卡”等，这些潮流反向操作让社会打破了对我们年轻人的固有观念。

其实我们年轻人在消费时更关注自身体验，消费观也转向理性、务实，更想去寻找自洽、舒适的生活方式，拥抱健康生活。

父：从你的观察来看，目前在新消费市场最具消费力的都是哪些人群呢？

女：说到这，我还真看过《2023 中国新消费趋势白皮书》的一个统计数据，近两年“00 后”（15—24 岁中、高消费力群体）、奢美女性（23—49 岁高消费力女性）、精致型男（23—49 岁高消费力男性）、银发族（60 岁以上中、高消费力群体）四大群体成为线上购物的新消费力量。

身处于多元文化时代，特别是“00 后”更加渴望找到自我的身份认同，兴趣爱好成为生活的重要组成部分。近七成“00 后”日常会为兴趣爱好进行消费，与“90 后”相比，“00 后”在兴趣爱好消费支出比例更高，为兴趣买单意愿更强。

“取悦自己”是“00 后”为兴趣消费的最主要原因，其次是对圈层背后的文化产生兴趣和获得治愈感。整体来看，“00 后”兴趣消费的背后，反映的是当下年轻新世代对悦己经济、疗愈经济、颜值经济和粉丝经济的需求。

最近一年，谷圈、娃圈、咕卡在小红书平台上的讨论热度迅速上升，在这些悄然流行的小众圈层，“00 后”早已成为圈中主力军。相较于传统二次元、饭圈，“00 后”对新兴小众圈层的兴趣偏好尤为明显。

父：这些新兴名词还真是有趣。

女：“00 后”除了为兴趣消费，也逐渐开始关注自我身心健康，“朋克养生”这个新名词也很流行。

“00 后”在日常生活习惯中首要的不良嗜好就是熬夜，区别于“90 后”的被迫加班熬夜，“80 后”的因压力、焦虑失眠，“00 后”更多是主动失眠。因为熬夜、缺乏运动、不规律饮食、重口嗜甜等不良生活习惯，导致皮肤状态不佳、视力疲劳下降和脱发现象，“00 后”也开始逐步迈入保健养生阶段，如选择通过调整生活作息规避健康风险，购买功能性保健食品或保健仪器，日常喝养生茶进行内服调理，接受传统中式养生方式。哈哈，一边“作死”一边“自救”的“朋克养生”就是当下年轻人重视自我健康的一种另类体现。

颜值管理的“她”与“他”生活形态

父：那第二类高消费力人群奢美女性的生活方式是什么样的呢？如今在消费领域，有一句戏谑的话，在一个家庭中按消费力排名，女性＞小孩＞老人＞狗＞男性。

女：处于不同人生阶段的女性，各自拥有多姿多彩的生活，像我的朋友们，她们闲暇之余喜欢刷短视频、追剧看综艺，通过逛街购物、聚餐社交等解压放松，在娱乐项目上花费更高。

从一组职场洞察数据来看，她们当前工作节奏相对饱和，主要工作困扰为职业发展前景不明确、工作压力大和就业机会减少，而她们会通过网上的资源进行学习或请教同事，来提升自己的职场能力。

在健康方面，睡眠、眼睛、情绪，是当代中青年女性易受健康困扰的三大方面，为了保持健康，她们会维持良好的生活方式，定期运动，尤其是非单身女性，更愿意为自己的健康花费，进行定期体检，购买营养保健品和健康保险。

父：说到中青年女性的健康消费，我也关注到近年来医美项目的火爆，相比于“00 后”对健康品的消费，奢美女性更趋向于消费美白抗老产品。

女：奢美贵妇对于护肤的超前进阶和认知的提升，催生口服美容市场的繁荣。例如美白丸、胶原蛋白饮、膳食补充剂、VC 补充剂等产品消费增长趋势明显。
除了消费“内调”护肤美容产品，医美服务和美容仪也受市场青睐。国内非手术类医疗美容市场的规模也在逐年增长。

父：说到底，这也是一种悦己消费和情绪消费。那精致型男的生活形态你又有怎样的了解呢？

女：男士也在追求“颜值经济”。男士在自我满足方面也有很多细分的消费需求，除了网络游戏、3C 电子的传统男士消费品，从自我护理到衣着打扮，更加追求从头到脚的精致感，根据第三方机构的统计预测，到 2025 年中国男士护理市场将有望突破 150 亿元的市场规模。

积极走向户外的银发族生活形态

女：中老年人的消费市场也很大，从老年人的热门消费品中可以关注到更多老年人正在积极走向户外，更加关注自身的健康状况和自然生命的享受。如今的社会结构正面临老龄化加剧的问题，国家也出台了相关条文积极推进社区开展老年人文化体育运动，儿女们也更乐于在节假日出游时与父母同行，希望父母们能够在闲暇时光中体会到自然环境的特色与家人陪伴的氛围。

在两方面共同推动之下，银发族对于散步、跑步、垂钓、户外摄影等基础运动消费品需求普遍旺盛。

父：银发族曾经的消费标签是“追求极致性价比”，但如今看来，“薅羊毛”“不爱消费”“拒绝享受”等传统标签，正在离银发一族越来越远，反而成为年轻人的消费偏好。

甚至不少 50 岁以上的中老年人已经开始浏览和追随小红书上的生活潮流和时尚审美，“种草”网红产品、打卡热门景点，年轻人使用的小红书、视频号，也成为中老年了解和购买消费品的一大渠道。

女：这也能看到银发族生活形态的转变，他们在消费心理上不再认为“老年人应该 ××”，而是选择自己喜欢的，更加关注个人精神层面的成长，好奇年轻群体间流行的新技术与新潮流。在细分市场中，中老年养生、时尚审美、文娱旅游、兴趣教育等领域正在繁荣发展。

人群差异生活形态构造本地生活圈

父：我们之前探讨过“本地生活学”概念，一座城市的本地文化与生活形态的互动交流，可以构造出一座城市的生活圈，这在城市发展规划中具有很重要意义。
如今城市的规划工作重心已经转向为如何提高服务市民多元需求的能力，以民众对于城市空间的使用感受作为出发点，以民众在城市中是否能获得幸福感作为衡量城市规划水平的标准。
关于“城市生活圈”，国内外很多城市都已经进行了相关规划，比如“15 分钟生活圈”“20 分钟邻里生活圈”等。

女：城市生活圈是一个很好的规划理念，我对这方面研究不是很深，老爸您可以给我具体讲讲吗？

父：行，那老爸今天给你好好说说。生活圈的概念起源于亚洲国家和城市，其目的是探索在高密度城市中创造更加宜居便捷的城市生活规划方法。所蕴含的发展理念是倡导“以人为先”的城市生活理念的延续、传承与不断提升。生活圈的规划任务，是着眼于居民的行为规律，解决不同层面和不同频率的生活需求问题；生活圈的空间构建，是以公共服务设施为核心，各类空间要素为重要支撑和相互协调的空间体系[1]。

1 全球视野下“城市生活圈”规划理念与实践探索及其启示，澎湃，https://www.thepaper.cn/newsDetail_forward_23116189，2023 年 5 月 17 日。

城市生活圈有三种考量维度，包括时间维度、空间维度、功能维度。在时间维度上依据服务效率的时空范围有 5 分钟、15 分钟、30 分钟、1 小时、1 周等时间尺度范畴的提法。比如国内一些城市提到的 15 分钟生活圈、1 小时生活圈、1 日生活圈、1 周生活圈、1 月生活圈和 15 分钟步行生活圈、15 分钟自行车出行生活圈、30 分钟公共汽车出行生活圈等。

在国外一些城市也强调时间维度的城市生活圈概念，如法国巴黎的 15 分钟城市（15-minute city）、美国学者提出的 20 分钟城市（20-minute city）、美国和澳大利亚的 20 分钟邻里（20-min neighborhood）、新加坡提出的 20 分钟市镇（20-minute town）等。

女：对于空间维度和功能维度有怎样的具体划分呢？

父：从空间维度考量，主要表现为生活服务设施规划在服务城市空间尺度范围上的区分。通常提法有“广域生活圈”“地区生活圈”“社区生活圈”，依次服务的空间尺度范围为城市尺度、地区尺度和社区尺度。宏观层面的广域生活圈，侧重生态安全性；中观层面的地区生活圈，强调经济效率与社会公平并重；微观层面的社区生活圈，注重回归城市社会性。

城市生活圈在功能维度上，在用于突出便民生活服务设施规划建设时，衍生出“便民生活圈”的规划概念；在用于突出某类专项公共服务设施在城市空间中的科学规划建设时，又衍生出“公共服务生活圈”“商业生活圈”“体育生活圈”“文化生活圈”等丰富多彩的概念；在用于突出社区生活服务设施的规划建设时，就产生出我们现在最常用的“社区生活圈”的概念。在经历疫情后，城市生活圈的规划建设更强调“健康”理念，由此而衍生出“健康生活圈”的概念，意欲建立可持续城市治理的新型载体，强调人居环境建设质量与人们日常生活需求的良性匹配，而社区生活圈又兼容着防灾防疫圈的职能，承载避难与收容、治疗、护理和疗愈等功能。

女：在新一轮的《上海总体规划纲要》中，“营造多元融合的城乡社区”章节中提到，要逐步构建15分钟步行可达，宜居、宜业、宜游的城镇社区生活圈网络，平均规模3—5平方千米，服务常住人口5万—10万人，配备生活所需的文教、医疗、体育、商业等基本服务功能、就业功能与公共活动空间。

目前，上海市已经有一些15分钟生活圈建设的成功案例，包括普陀区万里社区、浦东新区缤纷社区、静安区美丽家园等。这些社区生活圈各有特色，其中普陀区万里社区，重点在公共要素清单方面，探索了如何从区域角度基于区域评估和社区需求调查形成公共要素清单；浦东新区缤纷社区以行动为导向，基于社区资源确定九项行动的三年推进计划，在行动计划和实施机制方面进行了创新；静安区美丽家园通过居民的广泛参与，探索了社区治理、公众参与以及社区规划师参与机制，以此推动老旧社区更新。

父：成都也提出打造15分钟品质社区生活圈，尝试构建覆盖全年龄段、覆盖所有便民需求的社区生活服务设施，逐步推动蔬菜、零售、家政、早餐等生活便民服务全覆盖，加快建设社区养老院和日间照料中心，完善社区少儿托管服务。

成都倡导五大社区理念：一是品质社区，构筑 15 分钟社区生活服务圈；二是美丽社区，实践 300 米见绿、500 米见园；三是和谐社区，做到“一社区一法律顾问”全覆盖；四是活力社区，鼓励高校院所面向社会开放培训资源；五是人文社区，将天府文化深度融入社区建设和居民生活。

同时还提出完善七大机制，包括创新社区发展治理工作推进机制、构建以职能归位为重点的联动推进机制、完善“一核多元、共治共享”机制、完善扶持社会发展组织机制、健全促进社会人才发展机制、健全社区发展治理多元投入机制、健全以居民为主体的权钱统一机制。

女：从您举的这些例子，看出构建“以人为本”的多元化城市圈首先应重视对“人”的关怀，城市生活圈的核心是“人”，应以人的活动和需求为核心，摸清居民生活的规律与需求。

其次，倡导“社区 +”理念，城市生活圈是城市生活的基本空间单元，构建“宜居、宜业、宜游、宜养、宜学”的社区生命共同体，建立宜居、宜业、宜游的生活网络。

最后，还应培育文脉精神，加强生活圈文化活动的培育和品牌塑造。从城市生活圈的性格来说，不同层级、不同地域的城市生活圈有各自独特的文脉精神，应该加强生活圈文化活动的培育，培育出该生活圈的文化品牌和生活性格。

父：衡量一个城市的幸福度，不是冷冰冰的数字，而是城市带给市民切身的便利与安心。城市生活圈的构建可以让城市变成一个让人温暖、便利、安心、活力、友好并让人幸福的生活空间。

打造主客共享的城市生活圈

女：如今文旅行业一些新热点、新业态的崛起也可窥见“城市生活圈”的概念实践，比如 Citywalk、夜间消费街区、商业综合体等，城市生活圈也在激发城市微旅游的消费活力。

如今人们不再执着于空间距离上的“远方”，本地居民通过城市漫步将短途短时的“微旅行”“微度假”融入日常生活，外来游客则深入烟火气十足的街区，期望“像当地人一样生活和旅行”。

在城市生活圈中漫步，既不同于走马观花式的传统观光旅游，也不是漫无目的的“散步和闲逛”，而是需要花费足够的时间和精力，通过慢节奏、沉浸式、主题化体验获得更有获得感、仪式感、认同感的精神文化享受，在放松身心的同时，加深对城市文化的感知和地方认同，体会到城市漫步活动社交属性所带来的自我诠释和身份认同，发现城市生活的美好。

在城市生活圈中构建居民和游客间的主客交往互动，打造主客共享的城市文化理念，可以增强本地居民对于城市的自豪感和幸福感。

父：城市生活圈也能串联城市业态，并联生活场景，深度挖掘文旅

融合消费价值潜力。在城市生活圈中串联一条与城市本地生活服务强相关的“消费动线”，可以将本地历史地理、风土人文、民间艺术、名人逸事与文博馆院、商业零售、特色美食、休闲娱乐等业态有机整合，重新激发了人们线下消费的热情，为原本疲劳的业态注入了新活力。

在不同参与主体、活动与设施的组合集聚下，城市生活圈存在着差异化的文化场景，这为当地的文化产业与商家提供了大量的市场机会，也为游客创造了丰富多样的互动体验。

文化场景吸引游客融入城市消费空间，塑造着城市特定的文化风格，而这恰恰又成为文旅融合的根本所在，给文旅融合带来更强大的社会与经济价值。

“场景”营城创造生活新消费

女：2022—2023 年度“中国美好生活城市”榜单在成都揭晓，评选出十大“大美之城”，分别是大连、成都、杭州、青岛、南宁、贵阳、南京、海口、银川、厦门。

这套调查系统由中央广播电视总台财经节目中心联合国家统计局、中国邮政集团有限公司、北京大学国家发展研究院共同打造，已经运行 17 年，是目前全球最大规模的民生感受型调查。

《中国美好生活大调查》下设 22 项分级指标，关注百姓消费投资、就业创业、休闲生活的感受和变化，以及对所在城市治理能力和社会服务综合满意度评价，寻找人民对“美好生活”的共同坐标，探索新时代城市发展的新动能。

在 2022—2023 年度的大调查中，还新增了中国式现代化进程感知度、绿色发展和社会文明建设等维度，调查层次更丰富，力求更精准展现美好生活城市的活力和风采。

如今城市发展已经由“钱 + 土地”的空间生产逻辑走向了“人 + 空间”的人居环境营造逻辑。场景成为城市发展方法论和价值取向，它是以消费为导向，以生活娱乐设施为载体，以文化实践为表现形式，重塑现代城市更新与发展路径，是现代城市更新与转型的动力源和驱动力。

“场景营城”的理念肇始于纽约、伦敦、东京、芝加哥等国际都会。纽约为吸引游客将时代广场打造成步行街；芝加哥政府在商店街区，资助艺术家，鼓励街头艺术和现场表演；密歇根州每年举办“酷城市”会议，评选特色项目并为其颁奖。

基于对这些城市的研究，新芝加哥学派城市研究团队提出“场景理论”。该理论认为，不同的都市场景蕴含着特定的文化价值取向，从而吸引不同群体前来进行文化实践，进一步推动区域经济社会的发展。

场景理论核心人物多伦多大学丹尼尔·A. 希尔教授指出，场景是由硬件设施和软件系统构建的一个系统，主要有社区、建筑、人群、文化活动和公共空间五大构成要素，其中，硬件包括建筑与空间，软件主要是指这些设施与活动背后所体现的审美趣味、价值观、生活方式和体验等文化性要素。

新芝加哥学派城市研究代表人物、场景理论的提出者芝加哥大学特里·N. 克拉克教授在《场景》一书中提出：使城市从旧有“增长机器模型”中解放出来，将文化与价值观视为城市增长新的动力来源。也就是说只有通过场景营造，才能不断激发城市发展的内生动力，进一步筑牢城市未来发展的根基。

成都是国内最早探索城市场景营造的城市，其实践经验对其他城市探索新时代未来城市提供了新路径。

2017 年以来，成都深刻把握未来城市发展趋势，深刻认识场景营造对于助力城市产业升级、品质提升、能级跃升的重大意义，创新构建“1+5+21”场景体系，推动科创空间、公共服务空间、生活空间有机集合，加快完善创新赋能、空间赋能、生态赋能、开放赋能、治理赋能的新动力体系，丰富和拓展了场景的时代内涵，初步构建了城市生态生产生活新图景。

“1”是指构建公园城市场景体系。

“5”是指打造生态场景，包括山水场景、乡村场景、廊道场景；打造生活场景，包括公园场景、绿道场景、社区场景、街道场景、治理场景；打造生产场景，包括产业生态圈场景和产业功能圈场景；打造新经济场景，包括数字经济场景、智能经济场景、绿色经济场景、创意经济场景、流量经济场景和共享经济场景；打造新消费场景，包括文化创意场景、地标商圈场景、沉浸体验场景、体育健康场景和熊猫野趣场景，共计 21 个三级场景体系。

成都开展公园城市场景营造的路径脉络以“15 条营城策略”为统领，统筹实施“以生态为本底、美好生活为导向、产业植入为抓手、新经济为动能”的四条核心路径，重点培育“生态、生产、生活、新经济、新消费”五大核心场景，重点植入生态体验、文化创意、生活美学、体育运动、商务展览等“五大新兴业态”，推动生态空间与社区生活、产业发展、乡村振兴、生态治理有机融合，重塑城市竞争优势, 为建设践行新发展理念公园城市示范区提供动力引擎。

成都开辟了场景营城的新赛道。全市上下科学统筹政与企、公与私、商与民等建设主体，一批城市级、产业级、企业级场景加速形成。在场景驱动下，营商环境更加优质高效、生活环境更加宜居、消费环境更加开放时尚、创业环境更加多元聚集。这为企业、创业者提供了更多的城市新机会，为万千市民提供了更多高品质生活服务。

父：成都“场景营城”的探索代表了城市规划生活美学主义的崛起。成都城市更新历经 30 年，从推倒重来到留改建的渐进式更新，从点状地块改造到区域整体复兴，从旧区拆改到旧区新区并重提升，在不断的实践探索中更新了城市的内涵，可以说“场景营城”的成都已经找到了属于自己的发展道路。

成都的城市管理者深知人之于城市的重要性，城市的一切都是为了人民而建设，这是城市更新的宗旨。打造公园城市，让成都的城市空间因为公园的映衬更加美好。同时，成都深植本地生活的烟火味道，锚定新时代人们对于美好生活的不断追求，通过城市更新的方式，打造一个个生活美学空间。

根据《成都市加快建设国际消费中心城市 2022 年工作要点》，成都 2024 年加强《公园城市消费场景建设导则（试行）》的应用，坚持“一场景一示范”，推出 8 个示范性消费场景和 10 个特色消费新场景。鼓励新消费领域企业开展消费新场景实测和场景验证，推动消费新场景孵化试点。

2022 年 4 月，成都市第十四次党代会报告将让市民过上幸福美好生活列入今后五年全市工作的总体目标，更明确提出“坚定不移提质幸福成都，加快打造高品质生活宜居地”，人 + 公园 + 生活，迈入新的城市发展阶段。

成都通过人、城、景、境、业高度统一的更新范本，书写着独特的生活美学。生活美学，让成都成为人们向往的“梦想之城”，远看是风景，近看是生活，“城市，让生活更美好”的理念在成都已经成为现实。

女：我走过很多城市，也看到很多城市场景的案例，成都的城市场景营造给我留下了深刻印象，特别是地方政府的开阔视野和强劲的学习能力。成都的场景打造在发挥市场力量“自下而上”赋能城市的同时，也在“自上而下”地引导营商环境，城市的场景营造水平会不断提升，在全球的城市关注度也会不断提升。

成都有一种独特的气质，这并不是一蹴而就的，而是经千年累万月形成的，这是一种市民精神和城市文化。我们都知道历史上有个说法，“天下文人必入蜀”，几千年来，成都一直非常包容，于是我们看到，很多全球奢侈品品牌落地成都，互联网巨头也选择落地成都。

一家调查机构发布的《中国零售20城》榜单，成都在2021年就以9251.8亿元的零售消费品总额紧随上海、北京、深圳，位列国内零售消费第四城。成都太古里的Gucci直营店的销量全球第一；LV成都直营店的销售业绩常年稳居全国三甲；顶奢品牌门店分布数量全国第三；买手店规模超300家。

父：国内以生活的烟火气著称的城市还有很多，如广州，生活与怀旧的场景已然成为消费的一部分。

在广州，人们能同时感受到两种声音，一种是认真生活、散发着烟火气的声音，一种是工业的齿轮快速转动催人奋进的声音。探早茶、行花街、逛骑楼，这几乎是刻在每一个广州人骨子里的印记。这是一种市井气十足的生活美学，也是一种独特的消费方式。

广州场景的再现和复刻不用刻意为之，那些富有烟火气的历史记忆，从来没有离开过，这也赋予了广州消费的一种独特资源。与互联网的统计数据相符，在广州历史文化街区与传统活动上，千禧一代的年轻人更怀旧，他们更倾向于为怀旧消费场景买单，更渴望将自己与过去连接，去寻找对城市文化的记忆。

广州目前正在建设独具特色的国际消费中心城市，城市个性和产业特色值得深度挖掘，而讲好一座城市的故事不仅要讲好现在故事和未来故事，也要讲好过去故事，并且要常讲常新。

女：随着人们生活品位越来越高，无论是消费品还是城市规划，都在提高美好生活的供给品位，落脚点就是一个又一个场景。

有品位的场景才能起到激励作用，文化品位越高，场景所呈现的文化价值观就越能激发场景人群的价值认同，从而在更大程度上满足其审美等方面的精神追求。

对于一家企业品牌，一个产业，一座城市，场景营造的核心都是“人”，营造更具幸福感的场景空间就是发展的最大动力。

案例链接：成都国际消费场景营造

人们对美好生活的向往正在从基本的物质满足向精神文化层面跃迁，美好生活场景承载了人们的文化认同、美学价值、美好生活的关系网络。成都美好生活场景的构建聚焦国际消费、新型消费、社区生活、天府文化等细分领域，通过生态景观、文化标签、美学符号的植入，创造人文价值鲜明、商业功能融合的美好体验，使人们的城市生活更丰富、更便捷、更有趣，推动“烟火里的幸福成都”成为更具吸引力的品质生活宜居地[2]。

春熙路时尚活力区，由成都市百年春熙建设投资发展有限公司承建，规划面积17.1平方千米，核心区域面积5.94平方千米，规划建设春熙时尚消费、东大街消费金融、攀成钢国际休闲、东湖文化演艺4个产业社区。该示范区以时尚消费为核心，以国际商务和消费金融为支撑，以规划为引领，借力5G、大数据、人工智能等新技术，全力推进产业生态活化、场景融合创新、城市功能复合、社会治理有序，以发展新经济培育新动能提高区域核心竞争力，创新场景供给的方式，持续巩固活力区消费升级领域的先发优势，打造城市新消费产业功能区创新示范标杆。

目前区域内共有纳税企业1.9万家，其中新经济企业数占比超过80%；拥有全球、全国、西部首店78家，区域日均人流量超50万人次，已建成全国首个5G示范商业街区，2019年消费对经济增长贡献率超64.4%。

示范经验：

（一）古朴时尚，打造特色鲜明的消费场景

春熙路是享誉全国的百年商街。在场景营造中，将街区的格局和建筑风格融合现代时尚与本土特色，国际风尚与蜀风雅致在这里交相辉映；IFS的爬楼熊猫不仅是春熙路的网红地标也成为成都的地标建筑；紧邻的远洋太古里同样别具一格，纵横交织的里弄、开

2《场景营城 成都创新实践案例集》，成都市经济发展委员会，http://8.135.108.10:8082/example/%E5%9C%BA%E6%99%AF%E8%90%A5%E5%9F%8E%E6%88%90%E9%83%BD%E5%88%9B%E6%96%B0%E5%AE%9E%E8%B7%B5%E6%A1%88%E4%BE%8B%E9%9B%86.pdf。

阔的广场空间、值得把玩的生活趣味、大都会的休闲品位、林立的精致餐厅无不展现出这里历史文化及商业交融的独特氛围。

（二）创新发展，打造夜游经济等多元消费场景

从火爆的夜间超市到24小时快餐店，从24小时不打烊静谧书屋到喧闹的春熙路夜市……融合了艺术、文创、赛事等新兴消费业态的春熙路商圈的"夜间消费场景"正在展示城市活力，春熙路大慈坊街区更是获评首批国家夜间文化和旅游消费集聚区。

街区积极提升购物、餐饮等传统业态，布局体验式、互动式新兴业态，区域内文创商店、书店、影剧院及胡开文、钟水饺、龙抄手等中华老字号文旅业态占比60%以上。引进各类首店379家，聚集国际一线品牌74个，品牌集聚度和旗舰店数量全国领先，成为引领国际时尚消费潮流的文旅街区。

（三）完善公共服务体系，营造规范高效的街区治理场景

头戴白帽、身着蓝衣、戴着"红袖套"。"嬢嬢一吹哨，社区一定到，上报到街道，隐患消除掉。"探索发挥社区群众的主人翁作用，打造"春熙"志愿者服务队是街区完善公共服务体系的一个切面。

在营造规范高效的街区治理场景中，一是突出规划引领。高水平编制了《成都市春熙路旅游休闲街区规划》，全面推动春熙路步行街改造升级，打造世界级高品质旅游休闲步行街。二是基础设施功能齐备。街区设置有中、英、日、韩4国语言对照的锦江区全域全景图和街区导视系统；游客可实现百米范围就近如厕；三大运营商5G移动通信信号全覆盖，基站容量可满足百万人同时上网需求。三是综合服务智慧高效。街区充分借力5G技术，打造"春熙汇"智慧商圈公共服务平台；游客服务中心提供线上旅游信息，线

下旅游咨询、导游讲解、旅游购物等服务。四是交通体系全时立体。23条常规公交线路，5条夜间公交专线，2条地铁线路，大量出租车、网约车24小时待客，景区直通车，观光巴士，28个各类停车场等共同组成了区内的交通网络。五是管理机制规范高效。引入专业化公司、协会、平台参与春熙步行街运营，同时由居民代表、商户代表、社区规划师、两委员一代表等组成街区商协会，制定《景（街）区公约》，治理模式获评中国十佳社会治理创新案例。

（四）提升国际影响力，塑造多元活力的体验场景

精美绣品、买手店潮服、古着商品，时尚香氛……还原千年繁华胜景，注入潮流时尚活力。

街区荣获国家级夜间文化和旅游消费集聚区、中国著名商业街、全国首批“百城万店无假货”示范街、全国打假维权满意街、四川省旅游休闲街区、四川省特色商业街、四川省文创集市、成都市“新旅游·潮成都”主题旅游目的地等荣誉。年均举办各类外展及主题活动340余场，目前，已培育了“成都十二月市”“国际书店论坛”“全球风格论坛”等具有国际国内影响力的10余个文旅活动品牌，实现周周在活动、月月有爆点、季季有热度。

示范效应：

（一）企业梯度培育初显成效

示范区内新经济企业数占比超过80%，其中梯度培育企业数达到20家，准独角兽企业5家。2020年1—9月，示范区内4家公司获得天使轮投资，公开投资金额达3700万元。

（二）重大项目纷至沓来

2020年示范区内规划竣工、续建、新开工和前期规划共19个

重大项目，包括兴锦·新同缘项目、启迪数华科技有限公司设立四川总部项目、锦江区辉煌国际艺术中心建设项目、锦江区大唐创新总部项目等。截至2019年9月，全区投资梯度培育企业金额达12.74亿元。

（三）产业基金撬动效应渐入佳境

成都市锦江区产业投资基金主要投向专注于新经济、大消费、文化创意、金融服务等领域的子基金，共计投资子基金2只，分别为成都锦江区懒熊康康绿色创业投资中心（有限合伙）和成都天府环球影视股权投资基金合伙企业（有限合伙），签约投资总额29000万元，实际出资14196万元，撬动社会资本72685万元。

成都锦江区春熙路时尚活力区通过打造集现代都市商贸与文旅体验于一体的多元文化场景，构建了新消费场景示范，展现了成都在推进公共服务体系治理、建立国际品牌影响力、助力多元文化创新等方面的成果，是当下成都城市经济文化活力与特色民俗的集中表现，在城市消费产业发展及公共服务体系建立方面具有示范价值。

课堂金句

1. 一座城市的本地文化与生活形态的互动交流，可以构造出一座城市的生活圈。
2. 衡量一个城市的幸福度，不是冷冰冰的数字，而是城市带给市民切身的便利与安心。
3. 一个产业，一座城市，场景营造的核心都是“人”，营造更具幸福感的场景空间就是发展的最大动力。

第六堂课　融合

文化一经产生并且发展到了一定的程度，就会融合；而只有不同的文化融合才能产生更高一层的文化。

——季羡林

课前提要：兼容并蓄的中国人从骨子里就知道如何创新与融合，才能更好助于自身发展。“本地生活”是一项城市产业，通过“本地生活+”科技、文化、艺术、体育等应用，让城市更广泛产生可见性效益。

对谈场景：上海蟹仙画宴

陆家嘴有一家以独特“名画美学菜”而闻名的餐厅，我心念很久，因为回国时间不是很多，这家店也就一直在我的收藏列表里，今天老爸居然提出要带我来这好好吃一顿，我万分惊喜。

蟹仙画宴 Crab&Painting 位于魔都繁华地带外滩五号 2 楼，餐厅主打“本蟹多吃”+“名画美学菜”。整体以艺术文化为灵魂，由顶级艺术大师选取七幅传世名画，作为设计、定位、出品的创作源泉，再用当代艺术、空间艺术、美食艺术、舞蹈艺术进行表达。

进入餐厅，一支巨大的毛笔周围是南唐顾闳中的画作《韩熙载夜宴图》立马吸引了我。蟹仙画宴主打“本蟹多吃”，但最有名气的菜肴，还是名画美学菜。韩熙载夜宴图，雪蟹和金枪鱼用来制作人物和乐器，琵琶和红色的乐鼓造型很逼真，特别是乐鼓边缘上缝制鼓皮的铆钉，用黑鱼子来完成，十分精巧。

恍惚间误以为自己入画，赤身饱满和鱼子酱鲜味在唇齿融化，仿佛在舌尖“啪嗒”打开了一盏灯，浑身暖洋洋的。气氛刚好，今天我和老爸的主题是“跨界”与“融合”。

东方美学就是流行的生活艺术

女：老爸，我今天这身宋代襦裙可好看？为匹配这餐厅氛围特意穿上的。

父：我家囡囡穿啥都好看，原来这种汉服还有不同叫法呢？

女：那是，汉服可有讲究了，我身上的襦裙是汉服中常见的服饰，还有袄裙、半臂、曲裾等不同款式，以后慢慢和你介绍。那老爸您对我们这场“东方美学”的视觉跟味蕾体验可还满意？

父：这是一次看进眼里，吃进胃里的东方美学体验。

女：“东方美学”无疑是今年最流行的关键词之一，比如新消费行业，各类层出不穷的“点心局”，有些品牌将东方点心技法和西式原料融合，诞生了很多爆款。

我研究国际奢侈品牌，发现近年来奢侈品牌越来越喜欢从东方文化中寻找元素，不仅有飞鸟、流云之类的东方图案，还有漆、螺钿等东方材料，频频出现在各大品牌的设计中。连每年的“生肖”，都是奢侈品推出年度限定的重要灵感来源；传统香水品牌，调香不再局限于百里香、迷迭香等欧洲作物，更多地采用了栀子花、桂花和白玉兰；以陶瓷为包装灵感的彩妆，逐渐进入国际视野。

这种“美”其实是基于传统文化的一种“融合”，“东方美学”的风潮，也不只是单纯的时尚概念，而是作为一种审美取向，进入了衣食住行各个领域，流行的背后其实是生活化的艺术。

其实“国潮”热度持续上升很多年了，也为东方美学的传播提供了积极的市场氛围。在过去的几年里，大量品牌在从不同的维度，对传统文化进行创新与阐释，形成了百家争鸣的局面。

父：东方美学是一个更新的现代概念。应该是 20 世纪中叶，一些学者认为现有的美学理论诞生并发育于欧洲土壤，不能包括非西方国家的美学思想，提出对应的东方美学概念。它包含了中国、日本、印度等诸多国家和民族在内的美学思想，这是一个庞杂的理论体系。

其实很早之前，东方就有了关于美的历程，庄子提出的“朴素而天下莫能与之争美”，把“道”视为最自然，最朴素的精神，而自然的本色是最高大的美。同时日本也是追求极致的美学，包括他们对于工艺极致的要求，都是建立在这样的一个哲学系统下。

对于东西方美学的认识，简单理解就是西方美学注重客体的研究，所以都是从抽象性、逻辑性和思辨性去研究美的规律与本质。西方人是像研究数学和物理一样研究美学，东方美学则比较关注主体的感受，也就是主体对客体的一个认识与理解，所以也有人说东方美学是一种感性思维，典型的比如我们所说的意象美。

女：当下社会，东方美学作为中华文化内涵的一部分，融入文化传承与时代演绎的潮流当中，并呈现出一种创意大于材质、结合现代生活实用性的态势。
东方美学，是最高生产力与最高审美水平的表现，往往以琴棋书画剑、诗歌茶酒花为载体，这些载体大多融于生活场景中。悦己、趣人，自我品位的外在表达，是东方美学的价值所在。东方美学也在不断地影响着人们当下的生活审美，不断演绎出新的时代价值。

父：对于现在年轻人喜欢的“美学”我没有你那么了解，但我可以给你讲讲理论上的东西。
“美学”一词最早由德国鲍姆加登 1735 年在《关于诗的哲学沉想录》中提出，1750 年他正式出版《美学》。书中主张建立“美学”学科，认为“美学对象就是感性认识的完善”，并将它同哲学中研究“知”的逻辑学，研究“意”的伦理学加以并列。美学由此开始成为一门独立的学科。
朱光潜曾指出，在此以前，欧洲人只有“美学思想”，只是到了 18 世纪，在英国人夏夫茨伯里的“审美无功利”和“内在感官”、意大利人维柯的“诗性思维”、英国人休谟的“趣味说”和博克的“崇高论”、法国人巴托的“美的艺术”体系，加上鲍姆加登的“感性学”观念等各种思想的基础上，形成了美学体系。
归根结底，美学是文化的结晶，它必须植根于民族的文化土壤。东方民族认为“美”源于生命，万物有灵，“美”同时是人与外物和合共生的结果。
所以中国美学中充满了富有生命特征的意象：比如，民俗画中的石榴寓意多子多福，莲子、鲤鱼代表年年有余，古典诗词中的梅兰竹菊，象征高雅、坚贞和傲骨。赞美自然与生命，敬畏自然与生命，这些恰恰是我们设计者在寻找主题和形式要素时所关注的。

在漫长的历史长河里，中华先民的审美经验和审美理想集中凝聚为历代的审美活动，为后世留下了丰富而宝贵的美学财富。从史前延续至今的各种遗存、各类艺术品和传世器物，从先秦的《礼记》《乐记》到近代王国维的《人间词话》，丰富的审美资源和精辟的美学思想，无不让人赏心悦目、获得身心享受，成为东方美学的源头活水。

以汉民族审美为基础的东方美学，兼顾了各族文明和域外文明对主体审美意识的影响。东方审美的传统实践中，曾同步缔造了宫廷审美、文人审美和民俗审美三者互动的审美结构，注重审美意识的时代性与个体创作先锋性的审美关系。

经过几千年的发展融合，凝聚着华夏各民族审美经验和审美理想的东方美学，诞生了“中和美”“自然美”“含蓄美”等审美观念，经历了“直观感相的摩写，活跃生命的传达，最高灵境的启示”三个审美境界的跃迁升华。

女：2021 年年初河南卫视春晚有一档歌舞节目《唐宫夜宴》“出圈”，14 位“丰腴”灵动的唐朝少女仿佛从画中走出，她们面敷“斜红妆”、身着“三彩装”，穿过贾湖骨笛、妇好鸮尊、莲鹤方壶、《簪花仕女图》《捣练图》和《千里江山图》的虚拟，像是一次唐朝少女“博物馆奇妙夜”之旅。

一场 5 分钟的舞蹈，讲述了仕女们从整理妆容到夜宴演出的全过程。她们爱舞蹈、会调皮，严肃外表下掩藏不住活泼灵动的心，在一颦一笑中生动展现唐代独有的美学风范。这是另一种“文物会说话”，也是现代科技编创传统艺术的完美运用。

父：东方美学在世界范围内悄然兴起，中式元素也逐渐遍布世界的每一个角落，也在每一个场合，绽放其独有的色彩。从海外的巴黎时装周，到2008年的北京奥运会，再到2010年上海世博会，中国形象的一次次惊艳亮相，不仅向世界传达着中华民族在国际舞台上举足轻重的地位，更从文化维度，构建出全球语境下中华文明的文化自觉、文化认同和文化自信。

女：其实在另一方面，美学也是现在年轻人面对焦虑的一种实用方式。我们这一代人总会因为自身和普世成功之间的矛盾而产生焦虑，而美学，作为哲学的实践，的确可以帮助我们找到自己，也找到生活的慰藉。

从远古时期的图腾，到先秦时期的建筑艺术，再到盛唐之音，以及宋元山水意境，中国的东方美学，在各时期都包含着中国人的智慧。这些历史脉络，会让我们更理性清晰地了解自己是谁，也可以更谦逊从容地面对生活中的一切变化。

父：无论是西方美学还是东方美学，都是人们在追求美好生活、享受美好生活的一种层次表现。我们在领略物质文明美好的同时，自然也少不了精神层面的追求。美学生活其实就是一种有传承、有层次、有内涵、有文艺气息的生活方式。

女：“生活美学”其实是人们对美好生活的一种具象体现。当今中国社会与文化的变迁，民众对于美好生活的追求，构成了生活美学得以兴起的历史背景，生活美学就是要以“美生活”来提升“好生活”，以有品质的生活来升华有质量的生活，并对人民大众进行生活美育的普及。“生活美学”不仅是一种关乎“审美生活”之学，更是一种追求“美好生活”的幸福之道。

我认为，文旅市场真正需要反思的是如何给游客造一个梦，让游客引起情感的共鸣，甚至是情感寄托。要让游客的心不再感到累，打造一个被时尚外壳所包裹的人类自由灵魂聚集地，形成“本地生活 +”的产品特色。

案例链接：修武的全域美学

如果用一个词来概括修武县域经济的特质，那就是——美学。2019 年年底，修武县邀请来自各地的乡建、设计专家为大南坡的重建出谋划策，村中的山村风貌、民俗人情、历史文化等资源日渐延伸发展为乡村民宿、乡野美食、文化创意等振兴支点。几年间，村中老屋通过修旧如旧变为展览馆、书店，老房子里开起民宿、茶吧，空地上建起娱乐设施。

如今，在大南坡村，怀梆戏和摇滚乐同台献唱，设计新颖的“老村小馆”和村民市集热闹非凡，知名画家和诗人长年在村中开课，大南坡村成为全国乡村旅游重点村、省级文化产业特色乡村，荣获“2022 年黑松露年度乡建榜样”称号，“老村小馆”斩获 2022 WDA 世界设计奖等，大南坡乡村美学示范村入选 2022 年河南省“最美公共文化空间”荣誉。

如今修武美学理念已催生美学经济，美学经济已照亮全域旅游发展之路。修武县不断放大“旅游+”的产业发展格局，推动多个行业借助旅游发展，形成互联互动的全域旅游新格局。美学经济给修武带来了巨大提升。

围绕“旅游+扶贫”，积极探索“旅游+景区+扶贫”等多种路径。该县开发旅游扶贫商品194个，发展省级旅游扶贫示范户30家，10个村受益旅游产业带动脱贫，占贫困村总数的29.4%。

围绕“旅游+服务”，在全省率先成立了50人的旅游警察大队和109人的专业旅游志愿者队伍，抽调公安、市场监管等5个部门设立旅游综合执法办公室，打通服务游客的“最后一公里”。

围绕“旅游+康养”，充分挖掘七贤养生文化和怀药养生文化，加快推进国医堂、老年养护中心、云台山医药集团优质中药饮片生产线等重点项目建设，云台山和佑养生园投入运营，推动“医、养、食、药、学、游”全面融合。

围绕“旅游+教育”，与台湾慈明中学合作建设豫北最优旅游人才培训基地；与澍青医专合作，建立健康服务人才培养基地；与河南理工大学合作，建立云台山文化旅游学院，为修武旅游发展储备人才。

围绕“旅游+文化”，建设云台古镇、当阳峪绞胎瓷文化产业园、夜游云溪谷等文旅融合项目；依托竹林七贤文化、陪嫁妆爱情传说等文化载体，设计“云台小七”IP动漫形象，打造太行山上“爱情村”，实现文化与旅游的有机融合。

围绕“旅游+农业”，实施旅游“后备厢”工程，研发推广彩虹西瓜等特色农产品，建成云台冰菊等多个农业旅游综合体；成立九如怀药非遗研修院，与中国医学科学院等机构合作，传承怀药经典工艺，放大新型农业产业价值。

围绕“旅游＋科技”，建成云台山世界地质公园博物馆、云景环球影幕和三维地理导览系统，借助科技提升旅游体验；中国地质大学等高校在云台山景区建立产学研基地，实地开展科研活动。地质科考游、生物科考游日渐成为旅游亮点。

数字化链接“诗和远方”

女：除了美学，数字化也是一个巨大风口。随着互联网、大数据、虚拟现实等新技术在文旅领域加速应用，数字化已成为很多文旅项目创新产品、优化体验的关键词，由“数字 + 文旅”催生的文旅项目在各地不断涌现。很多传统文化、本地文化都是通过数字化的方式再次呈现。

不少旅游大省纷纷出台相关举措，广泛应用数字技术，因地制宜推动文旅产业提质增效。有机融合数字技术，成为当前和今后一段时期推动文旅产业高质量发展的重要方向。《“十四五”文化和旅游发展规划》指出，加快推进以数字化、网络化、智能化为特征的智慧旅游发展。文化和旅游部等 10 部门此前印发的《关于深化“互联网 + 旅游”推动旅游业高质量发展的意见》提出，深入推进旅游领域数字化、网络化、智能化转型升级。2023 年 9 月份，《关于释放旅游消费潜力推动旅游业高质量发展的若干措施》指出，推动利用数字技术改造提升传统旅游消费场所，打造智慧旅游、沉浸式体验新空间。这些表述，都为数字技术赋能文旅产业发展提供了支撑。

父：随着国家文化数字化战略的深入实施，文化产业和旅游业数字化转型步伐不断加快，科技与文旅融合发展成为新的行业趋势。文

旅行业从业者纷纷利用大数据、元宇宙、人工智能等新技术，积极开展数字文博、云展览、云演播、网络直播等服务，推动线上线下融合创新发展，激活文旅新业态。

“数字化 + 文旅”应用，是多维度、多层次的。比如，平台经济同旅游业相结合，以短视频为中介，实现了良好效益。云旅游和远程购票逐渐成为消费者的新选择，超过 90% 的国家 5A 级旅游景区已实现网络售票、分时预约等便利服务；一些社交平台成为“做攻略”首选，景区 AI 导游应用日益普遍；数字文博、直播等服务广泛开展，线上线下融合创新进一步深化。

数字化的深度介入，对于深刻影响文化信息获取、旅游供应商选择、文化消费场景营造、旅游景区便利支付以及社交分享等文旅产业全链条，发挥了重要作用。

不过，在数字技术融入文旅产业过程中，还存在一些亟待解决的问题，如产业结构与市场导向不太匹配，服务内容与游客需求还存在一定距离，建设规划与应用结果有些脱节，智能应用泛化等。因此，应有针对性地找到解决办法，精准促进数字技术赋能文旅产业。

女：比如可引导旅游景区开发数字化体验产品并普及景区电子地图、线路推荐、语音导览等智慧化服务。建设一批世界级旅游景区和度假区，树立智慧旅游景区样板。推进乡村旅游资源和产品数字化建设，打造全国智慧旅游示范村镇。支持旅游景区运用数字技术展示特色文化内涵，建设数字博物馆、数字展览馆等，提升旅游体验。

自从“一部手机游云南”推出后，宁夏、甘肃、河南、青海等省（区）的“一机游”系列纷纷上线。“一机游”模式基于数字技术、大数据、人工智能等，推动数字技术与文化旅游深度融合，通过紧密连接 G 端（政府侧）、B 端（企业侧）、C 端（用户侧），搭建起良性共赢的合作生态链，满足游客的体验和需求，创新游客在旅游中的体验，不断提升旅游质量和旅游服务品质。

父：2020 年 11 月，国务院常务会议，确定了支持“互联网＋旅游”发展措施，提出支持建设智慧旅游景区，普及电子地图、语音导览等服务，打造特色景区数字展览馆等，推动道路、旅游厕所等数字化建设。北京通过不断优化文化旅游企业营商环境，支持旅游头部企业与文化科技企业强强联合，培育一批文化旅游互联网平台企业，扶持一批面向文化旅游企业的数字化服务商，营造文化旅游企业数字赋能平台，推动建设一批智能停车场、智能酒店、智能餐厅、无人商店等旅游产品。

中国旅游研究院副院长唐晓云认为，从技术条件看，旅游业技术创新的数字商业基础设施已初步具备，旅游发展正在从资源驱动、政策驱动走向创新驱动。希望文旅企业用好数字红利，精准把握旅游市场发展动向和需求，着力解决有品质的散客旅行的痛点，为游客提供品质化、便利化、强体验和专项化的旅行服务，为更多景区及游客提供优质创新服务。

女：我们国家数字文旅产业发展还处于初级阶段，产品类型单一、商业模式缺乏、社会普及度不高。目前大部分线上的数字文旅产品都是由文化机构或旅游景区自主开发，作为对实体文旅活动的一种补充，其市场导向不足、商业模式不明确，制约了促进文旅消费功能的发挥。不少地方性博物馆斥资搭建的线上展厅点击量甚至不过百。

因此，建议参考市场化程度较高的在线影视、线上数字资源、网络游戏等数字文化产业的开发模式，鼓励由平台型互联网企业与文博机构、旅游景区合作，通过“会员模式”“流量转化模式”“体验付费模式”等，整合打造市场化的数字文旅消费平台。

数字文旅消费的核心是不断提升数字文旅产品的供给质量。抓住数字经济发展机遇，加强数字基础设施建设，重点支持 5G、AI、4K/8K 超高清、大数据、区块链、数字建模等关键技术攻关，实现景区和文化场馆的高清晰、高体验、高互动的数字化游览。

大力推进“互联网 + 中华文明”等数字文旅场景建设，依托数字虚拟空间塑造，突破实体游览的空间和时间限制，呈现全空间、全时段、多视角的数字化游览体验方式，讲好中国故事。促进数字文旅消费的重点是强化数字文旅体验和线上线下互动，将文化内容与数字娱乐充分融合，将文化场馆、旅游景区植入网络游戏、动漫、电影、直播等数字娱乐场景中，采取“游戏 + 虚拟游”“动漫 + 云展”“电影 + 沉浸式体验”等方式，构建数字“虚拟文化空间”，带动由虚拟体验形成的周边产品消费。

父：大众的消费需求多样化，走马观花的旅行已经不能满足，消费者更加注重体验感，消费者需求的多样化使景区、旅企焕新提上日程，旅企纷纷积极探索新方向，通过“旅游 + 科技”“旅游 + 文

化”等方式融合发展，增强用户体验感。

2021 年，在无锡拈花湾景区，打破了旅游景区传统的游览观光模式，设置了一个穿越时空的故事，以拈花湾唐风宋韵的实景为依托，融合线上线下 AR 技术，将整个景区升级为大型数实融合体验空间。

玩家进入后便开始换装，通过 App 的指引去拈花湾的每一个点位。通过游戏化和核心场景的设计形成沉浸式体验，用户可以了解景区以及景区文化，增加景区内容的丰富性，吸引游客打卡。沉浸式体验项目给拈花湾景区带来了长尾流量曝光，同时也宣传了拈花湾景区的文化特色。

女：近年来，布局数字文旅的企业也越来越多。数字化的应用在游戏方面体现得最明显，很多大型游戏公司由最初利用数字技术将景区建筑和文化元素移植到游戏中，再到打造游戏化实景沉浸式体验，助力景区从“服务经济”向“体验经济”转型升级。

数字化助力文旅行业发展，能够给景区带来创新，满足用户多样化需求，有助于企业做更好的市场和运营研判。具体来说，景区可以通过数字化技术，进行人流监控，监测到游客人群的特征，从而打造出符合游客特性的产品，吸引游客打卡，增加景区客流量，同时景区也能借此机会搭建一套数字化运营的体系，利于后续长期的发展和转型。

父：2022 年中共中央办公厅、国务院办公厅印发《关于推进实施国家文化数字化战略的意见》，明确到“十四五”时期末，基本建成文化数字化基础设施和服务平台，形成线上线下融合互动、立体覆盖的文化服务供给体系。

从飞出壁画的敦煌飞天到行驶在“光影”大运河上的“沙飞船”，从取材泰山古典文化的数字藏品到线上重游八路军驻重庆办事处旧址。近年来，在数字技术加持下，文化发展也呈现出一些新现象。

女：说到数字化，有个不得不提的产物——数字藏品。2022 年北京冬奥会时吉祥物“冰墩墩”备受大家关注，冰墩墩周边产品“一墩难求”。当时冰墩墩也推出了数字藏品，一经发售，立刻被年轻网友瞬间抢购一空。后来，湖北省博物馆将镇馆之宝“越王勾践剑”制成数字藏品，限量仅 1 万份对外发售，3 秒就售罄；河南博物院首个 3D 版数字文创“妇好鸮尊”正式上线，同样秒空。

数字藏品通过区块链技术发行，不仅拥有与传统艺术品一致的唯一性与稀缺性，而且在网络虚拟世界也可收藏，不用担心藏品的丢失或者损坏，使得保存和展示更加方便。同时，数字藏品往往极具创意和前卫标签，具有明显的身份认同感，方便年轻人进行分享和社交，甚至形成了独特的社交圈。

年轻人收藏数字藏品，一是出于对某些创作主体或者文化 IP 的喜爱；二是因为社交需求，一部分人把数字藏品看成一种对身份的认定，是进入某个圈子的“门票”；三是可以通过收藏来进行投资、赚钱。数字藏品俨然已成为年轻人表达生活态度的一种全新方式。

父：基于限量发售的事实，和实物藏品一样，数字藏品也具备收藏价值，且具备一定的稀缺性。由于其附有的文化 IP 属性，数字藏品对于收藏者而言，也是一种了解文化价值承载的新渠道以及表达情感寄托的新方式。

作为数字经济的衍生品，数字藏品的出现解决了真伪和确权两个事情，加上区块链的信任和价值传递，让数字藏品拥有了超越传统藏品价值的能力。首发价几十元到几百元不等的数字藏品，基本一上架就被一抢而空。由于一物难求，在二级市场这些数字藏品求购转赠的价格，更是直接飙升几十到上千倍不等，资产和消费属性明显。

女：文旅行业拥有众多 IP 产品，可以为数字藏品的应用提供更多新场景。文旅数字藏品，更可依托区块链技术，以数字藏品的方式，形成一种全新的文旅数字消费业态。通过开发文旅产业现有 IP 品牌，赋能新的经济价值，利用现有产品衍生出新的数字价值，数字藏品可以为文旅经营单位达到“由虚向实”的引流并促进消费效果。

父：数字藏品其实是元宇宙的分支，而说到元宇宙将本地文化和科技的融合不得不提目前数字化特色最突出的城市之一——青岛。

在青岛，很多元宇宙相关的应用已悄然出现。在文旅领域，市南区打造的“青岛上街里·光影中山路”六大项目亮相，虚实结合的视觉冲击让不少市民游客大饱眼福；崂山区正拟建设以航天博物馆为核心的青岛元宇宙公园，打造国内首家沉浸式、强交互性元宇宙主题游乐场馆，元宇宙越来越融入城市生活。

女：山东的东阿镇前一段时间因为跟腾讯的手游《和平精

英》合作办比赛吸引了众多年轻人关注。这次的赛事是当地“电竞＋乡村生活”的一个标杆项目，《和平精英》村镇合作赛吸引十多家本地乡村企业参展合作，结合农产品福利及电竞 IP、内容，满足乡镇农产品营销等多元体验，累计吸引近万人次参与。玩家们跟随和平精英主题旅游路线，前往和平精英创意市集，入住和平精英主题民宿等，沉浸式体验了游戏中特种兵的一天，这也是打造景区旅游的一种新模式。

父：电竞与文旅跨界融合很受你们这些年轻人的欢迎，可撬动周边文旅热度，有效开发多样化的新消费场景，比如周边文创、夜间消费和当下比较流行的电竞酒店。“电竞＋文旅”作为数字经济催生的新兴产业模式，是未来电竞产业发展的重要方向，也是“十四五”规划下各省市推进文旅消费升级的新思路，果然抓住你们年轻人的喜好才是抓住了市场。

年轻人越来越喜欢逛菜市场

女：年轻人不仅喜欢新奇乐，也热爱去体验不同特色的本地生活，追寻地方的“烟火气”。什么最能体现城市的烟火气？

一个朋友和我说过：她每到一个陌生的城市，第一爱逛博物馆，第二爱逛菜市场。博物馆能了解一座城市的历史，菜市场则藏着一座城市的当下。圆桌派第四季有一集《菜市：食过返寻味》，陈晓卿在里面说：了解一座城市最近的距离，是逛一逛它的菜市场，这样才与这座城市有“肌肤之亲”。

父：这几年，全国各地兴起了很多“网红菜市场”，我一直没有专程逛过，我害怕本应离生活最近的地方，会变成一个凹造型拍照的工厂。但某天我路过北京一个三源里网红菜市场，进去看了一眼，发现并不是我想象的那样，浓浓的生活烟火气息，依然是它的魂。有人说菜市场、艺术馆、街道、本地人，才是一座城市的灵魂。我在西班牙也去过一个市场，给我留下了很深的印象。既保留悠远厚重的历史和热情奔放的民族性格，又通过改造令其焕发新生。圣安东市场对于传统市场颠覆性的改造不仅没有减弱邻里市场的亲密程度，更张开双臂拥抱所有市民与游客，人与人之间享受着彼此信任、互惠互利的亲密。

女：不同社会环境下人们的消费习惯都不相同，我在美国也发现，临街商铺较少，市民习惯开车，加上周工资制，他们会多在周末去集中型的社区商业或购物中心屯粮。像欧洲人更多居住在中小城镇，人口密度与建筑密度不高，注重品质和服务，商业街区基本能够满足步行距离范围内的日常生活所需。社区形成的人群结构也各异，欧美许多彩虹社区、移民社区，洛杉矶还有小西贡、小大阪、小东京这种“老乡社区”，所以要找到最适合本地人生活习惯和文化传统的“菜市场”，才能体现一个地方的烟火气，从而吸引到更多年轻人。

兼收共融的中国性格酿造独特生活美学

父：中国旅游发展已经40多年了，可以说，旅游无论是其发育过程还是成长过程，文化都扮演着重要角色，旅游的每一步都扎根于中国文化土壤。从世界旅游发展来说，文化旅游和自然旅游是两大市场主题。文化旅游依赖于历史文化，自然旅游依赖于生态环境，一个地区拥有这两类资源中的一个，就具备了旅游发展的基础，如果同时拥有两类资源，它的市场更广，吸引力更大，旅游对社会经济的带动力也更明显。

中国有很多文化厚重地区，如河南，借助丰富的文化资源来推动旅游产业和旅游经济发展，是河南旅游发展的道路选择。说到旅游和文化的内在关系，我们经常说文化是旅游的灵魂，旅游是文化的载体。当“文化是旅游的灵魂”成为公理的时候，文化总被人从史书和故事中找出来，当作标签贴在旅游产品或项目上，似乎迎合式地在说“我们是有灵魂的”。但这种说法值得商榷，而我认为旅游是场景，文化是内容。

女：近几年，一些地区在发展文化旅游时，多以物理外形来体现历史文化，以景区建设思维来展现历史文化，如建古城、古街、古墓、古道、古庙、古居等，这些做法真的符合文化旅游发展方向吗？如果这些新建项目仅仅是为了旅游发展，是值得商榷的。

这种以物理外形为核心的景区形态对应的是观光旅游，难以满足度假休闲旅游的需求。文化旅游的核心，是文化感和文化的体验。文化感需要结合现代人的旅游需求，将不同的文化元素和基因转化为场景和故事，通过技术性和艺术性的创新，带给游客感官、行为、思维和情感体验。这种体验，才是文化旅游的核心。

父：文化有文化的逻辑，旅游有旅游的逻辑，说到底如何让这两样东西融合得“美”。文化是人类与自然共生的结果，是人类社会生产和生活的表现方式。不同社会有不同的生产生活方式，也形成了与此相对应的建筑、礼仪、风俗、服饰、音乐、艺术、制度，当这些生产和生活方式固化、沉淀便形成了文化。

旅游是对应于工业社会生产的一种生活方式，从这个意义上讲，旅游也是一种文化形态，不同的是，传统文化是农耕社会生产生活方式下形成的，旅游则是工业社会生产生活方式下形成的一种现代文化。

旅游的文化意义首先在于提高生命质量。旅游是加强生命质量内涵的方式，它不仅仅是经济行为，已经演化成文化行为。通过旅游，让人改变自己的生态，与山水密切联系让我们有更高的精神境界和生活质量，所有这些正是以人民为中心的发展理念的具体体现。文旅融合，实际上是传统文化与现代文化的融合，而不是灵魂与形式上的融合。

本地生活要把这两种美结合起来，提供给不同人不同的情绪价值和审美需求。当前文旅融合消费趋势有几个变化，“人格化”城市营销升级、“服务为王”释放市场吸引力、消费客群分层更细化、中小城市旅游出圈机会提升……要顺应这种变化，就应该有新的想法。要开放场景共建，形成共同体，融入现代场景，打通年轻社群，讲

好文化故事，激发社交传播，推动更多的跨界融合。

女：打开小红书、B站、抖音等社交平台，关于“潮牌服饰”“个性穿搭”“骑行”“生活美学”等方面的分享热度居高不下，正成为时下年轻人流行的日常。大家对于融合后“美”的价值都有很强烈兴趣，我们愿意为一个品牌背后的文化内涵买单，如一个叫“观夏”的香薰品牌，他们的推文和产品都很吸引人，在我们看来这就是生活美学。如果把自己当作旅行文化的一个载体，每一次旅行都是一场演绎，演那个向往成为的自己。出发不是为了远行，而是扩充自己当下的觉知，出发也不是为了仪式，而是丰富当下的生活，诗意不必远方，而是真切去觉察此时此刻的自己。

远方和当下不是对立的极端，而是心灵需求的不同层次，生活的现实和美学的体验不应该是彼此牵绊的琐碎，而是源于活着本身的兼收与共融。

课堂金句

1. “生活美学”，不仅是一种关乎“审美生活”之学，更是一种追求“美好生活”的幸福之道。
2. 文旅市场真正需要反思的是如何给游客造一个梦，让游客引起情感的共鸣，甚至是情感上的寄托。
3. 远方和当下不应该是对立的两个极端，而是心灵需求的不同层次，生活的现实和美学的体验不应该是彼此牵绊的琐碎，而是源于活着本身的兼收与共融。

第七堂课　产业

我热爱知识，而城里所有人都是我的老师。

——苏格拉底

课前提要：随着第四消费时代的到来，“共享”与“休闲”成为消费主题，也成为社会文明和居民生活质量标尺。每一种休闲生活都有可能成为一种产业，具有可持续发展能力。

对谈场景：上海东方美谷

“十四五”时期，上海把美丽健康产业摆在非常突出的位置，列入全市“三大先导产业”和“六大重点产业”之中。“东方美谷”作为中国化妆品产业之都，是上海美丽健康产业发展的一块“金字招牌”。

2015 年，奉贤区政府重点打造“东方美谷”产业品牌，形成一个以美丽健康产业为核心，多种产业共生共赢的“美丽健康产业联盟”。

从百姓生活出发，将本地生活与关联产业融合创新，提升城市品牌文化内涵和产业实力，东方美谷是一个典型的成功范例，我们今天特意来到东方美谷，实际了解本地生活怎样给城市带来产业发展。

每种生活都能催生一个新产业

女：老爸，您有没有觉得我最近变丑了？怎么办，我想去整容了。

父：我看看，这么多年不都长这样吗？你这是典型的容貌焦虑。

女：不过我身边挺多人去做医美的，像什么皮秒、热玛吉、超声炮这些对我们年轻人来说很常见。

父：是呀，颜值经济时代，全社会都陷入外貌焦虑，特别是你们这些年轻人。一项不完全调查显示，“95 后”年轻人中近八成有外貌焦虑，其中对自己容貌不满意，需要很多医美项目提升颜值的重度焦虑者占 4.5%。

女：年轻人的消费观念随着社会发展，一直都在润物细无声地变化，当渗透得足够深，就成为社会趋势。

就像 2023 年消费市场出现的十大典型趋势都是年轻人带动起来的。第一大趋势是季节流行趋势，除了冬日的围炉煮茶，春天的野餐、夏天的冰棍、秋天的奶茶，每个季节总会有不同的趋势。

第二大趋势是从“焦虑”到“治愈”。多个平台的数据显示，治愈系内容的播放或阅读量惊人，B 站、抖音、小红书上，修牛蹄马蹄、荒野生存、洗地毯、模型拼装等治愈系视频，成为部分用户释放压力、转移情绪、达到解压效果的催化剂。

第三大趋势是个性化美妆。随着网络透明度越来越高，科普内容越来越多等影响，这就促使化妆品发生三点变化：成分越来越安全；“早 C 晚 A”等场景需求成为新的创新点；产品定位愈加垂直，主打效用的针对性更强、更高效。

第四大趋势是精致懒宅。这已经成为一种新的生活方式，这也促使相关产业快速发展。首先智能家居需求旺盛，其次预制菜发展快速，最后衍生了多项服务，如收纳师上门收纳，保洁定期上门保洁等。

第五大趋势是户外运动。露营、飞盘、骑行、陆冲冲浪板等内容在小红书上的点赞量和商业笔记数增长迅猛，户外装备等产品销量与销售额均有增长。

第六大趋势是反向旅游。消费者前往小众旅行地，不再注重结果，而是享受过程，如随时可走的周边游，住高星酒店，注重体验，获得满足感。

第七大趋势是理性购物。实际上，理性消费一直存在，以前的理性可能是主观上的，当下理性更多的是客观上的。如今的品牌方，开始注重产品的研发，无论是产品功能、用户体验，都能做到极致，让用户每一分钱都花得值当。

第八大趋势是硬核养生。从年轻人养生的需求来看，未来会有三点趋势：养生食品便携化；专业安全，配料表干净；对症下药，养生也要垂直化。

第九大趋势是男性颜值经济。男性消费者对于颜值有了更高的追求，逐渐淡化性别差异，释放更多元的消费需求。

第十大趋势是宠物经济。如今的宠物经济已经形成庞大的产业链，从出生到死亡，每个环节都能产生非常可观的商业价值。

父：趋势是事物发展的倾向，是消费者的需求与品牌的产品两者相互作用的结果。对于企业来说，跟随趋势永远都是下策，上策是能引领趋势，而引领趋势的前提是能做出超预期产品，做出超预期产品的前提是要基于对行业、用户需求的深刻洞察。

我们现在所处的东方美谷是上海美丽健康产业集聚的核心区，已经成为上海的一张新型产业名片。如今颜值经济规模日益壮大，化妆品、健身、医疗美容、美颜美食、服装配饰、颜值摄像这些领域迅速崛起，给美妆产业带来了新发展契机。现在全国东南西北四大方位均已布局美妆产业集群，这也是一个不可忽视的新产业赛道啊。

女：爱美之心人皆有之，护肤品、化妆品已成为老百姓必需的消费品。我国在 2020 年成为世界第二大化妆品消费国，预计到 2025 年，将成为世界第一大化妆品消费市场，达到万亿元规模。

美妆产业的崛起离不开年轻人价值观念和生活方式的转变。不确定性加剧的大背景下，更多人开始推崇“活在当下”，获得情绪满足成为消费新刚需，大家也期待在化妆、护肤和喷香的过程中提升情绪健康值。

过去一年，B 站情绪类美妆护肤视频播放量同比增长 8.4 倍，年轻女性是这类视频的主要观众。从热门视频来看，大家在观看化妆、护肤、卸妆、洗头、喷香的过程中，获得疗愈、释放压力、放松心情。

父：现在年轻人普遍更加自信，一方面更能接受真实自我，另一方面认识到通过努力获得的美丽也值得称赞。在化妆这件事情上也会更趋向于自己定义自己，而不是由外界去定义自己的美丑。

女：老爸，您这还挺了解我们年轻人的。是的，年轻人对消费主义越来越警惕，厌倦那些被过度包装的概念和被定义的生活方式，开始破除美妆的传统定义，回归妆护和消费的本质，通过各种方式让自己拥有更好状态。

父：除了“颜值经济”，“新懒人经济”也在崛起，随着全国整体消费水平的恢复，消费者越来越注重提高生活品质、减少重复性家务劳动带来的疲劳感和资源浪费。他们希望节约时间和人力成本，提高家庭空间的利用率和功能丰富性。

女：“新懒人经济”是什么意思呢？

父：“新懒人经济”是指为了追求便利和高品质生活体验，消费者愿意为节约时间和人力成本买单的新消费趋势。在新懒人经济中，消费者更加青睐那些能够减少重复性家务劳动和提高工作效率的产品和服务。他们乐于使用高科技产品，享受数字化的便捷和智能化的生活方式。

女：这与我上面提到的精致懒宅的意思差不多。

父：家居用品及服务和休闲娱乐领域正是新懒人经济的重点投资领域。消费者希望以更快、更便捷的方式完成家务，如智能家电和智能家居设备等。同时，他们也渴望拥有更丰富多样化的娱乐消遣方式，如在线购物、数字娱乐和虚拟现实技术等。

新懒人经济的兴起不仅是消费者需求的变化，也反映出科技的进步和社会的发展。随着科技创新的推动，越来越多的创新产品和服务涌现出来，满足了消费者对便利和体验的需求。

女：作为“新懒人”，我们不再满足于传统模式下烦琐的操作和耗时的过程，而是追求高效率和便利性，希望将有限的时间和精力聚焦在更重要的事情上。不再局限于家居场景的“宅居一族”，而是积极参与社交、运动、户外探险和逛店等各种活动。

父：针对“新懒人”的生活需求，智能家居产品成为改善生活品质的利器。智能音响、智能灯光、智能家电等科技产品的普及，提供了更简单、智能的生活方式。只需一个指令，就能实现音乐、照明、温度等多个环节的自动化控制，让生活更舒适、更便捷。

此外便捷化也是“新懒人”经济中的重要一环。大量的线上服务和平台涌现提供了许多选择。从外卖、购物到家政服务等，都可以通过手机一键操作，减少人们的出行频率，为我们节省时间和精力。在“新懒人”眼中，每一分省出的时间，都是为了追求更多的生活质量。

女：中国消费者对智能家居产品甚至全屋智能的需求非常

旺盛，超过四分之一的中国消费者表示希望家居配套含有全屋智能功能，比全球平均高出 7 个百分点。“新懒人”对居家生活的智能化和便捷化的需求是多方面的，企业需要抓住这一潜在市场的机会，提供更智能、更方便的家居解决方案，满足消费者的期待和需求。

最近一年，在年轻人的社交方式中，找“搭子”成为一种新现象。调查显示，大家主要有“饭搭子”“运动搭子”“旅游搭子”“学习搭子”“游戏搭子”，其他还有：“遛娃搭子”，团购、凑单、逛街等“购物搭子”，“观影、追剧搭子”，露营、野餐等“户外搭子”，上厕所、打水等“校园生活搭子”等。这都是年轻人尊重内心真实感受、保持开放社交心态的表现。

《2023 搭子社交调研报告》显示，有 95.8% 的受访者表现出了对这种陪伴型社交的需求，“搭子”俨然已经构成了当代年轻人的精神支柱。

其实“搭子”这个词，最早来源于上海话，释义是“一起打牌的人”，但现在热搜中的“搭子”却有了新的含义，年轻人眼中的“搭子”，是某个主题活动的伙伴，主打一个垂直细分领域的精准陪伴，这种轻量型、快节奏的关系受到很多人青睐。

在网上寻找同城旅游“搭子”以“90 后”和“00 后”为主，其中女性要多于男性，但她们找寻的要求一般都是与自己年龄相近的同性。

父：这与传统社交方式有什么不同吗？

女：在年轻人的话语体系中，“找搭子”强调的是精准陪伴和价值共享，搭子文化在年轻人中得到了广泛的认可和推广。随着社交媒体的普及和生活节奏的加快，越来越多的年轻人感到孤独和需要建立更多的社交关系。通过“搭子”，可以轻松地找到共同兴趣爱好的人，来获得社会认可度和自尊心的提升。

“搭子文化”反映出年轻人对“高效、快捷、指向性强、轻松简单的社交模式”有着较为强烈需求。对于品牌商家来说，扩大了消费用户群体，放大了消费者的消费行为，提升了消费频次，增加了品牌商的营收效益。对于消费者来说，通过搭子组团，得到了价格实惠，同时，认识了新的朋友，拓展了圈子，满足了自身的社交需求，这是一个双赢的结果。

父：这种“搭子文化”能否解锁一种新消费呢？

女：绝对可以。热衷于找“搭子”的主要是“80 后”“90 后”“00 后”这些年轻群体，而这些人又是当今社会追逐和引领时尚消费的主流，在寻求新鲜感、满足好奇心的欲望驱动下，自然可以达到刺激消费的效果。

同时“搭子文化”具有较强的黏合性，能够快速吸引一众兴趣相投、爱好相同的熟人或陌生人参与到一项或多项消费活动中来，人气的增加成为该项销售活动创造经济效益的重要条件和根本保障。

“搭子文化”具备精准的对接能力，通过“店搭子”的细分，促进小众化的新产业从一个不起眼的“偏门”扩展成为一门成熟的生意。这种商业发展模式在满足消费市场寻求小众、精品需求的同时，很可能拓宽销售渠道，创造更多的创业和就业机会。

父：在我看来，搭子看重的不是消费，而是与他人产生联结。对年轻人而言，与其花大量时间去匹配一个各方面都令自己满意的人选，不如从不同人身上寻找可以搭配的部分。于是，诸如朋友、恋人之类的身份关系，正逐渐被“搭子”这样近乎契约的关系所取代。可以说，搭子是一种更加细分、垂直的精准陪伴关系，且大都发生在消费情景下。

女：很多人试图分析“搭子”关系背后的心理成因，并试图剖析年轻人的内在需求。实际上，在注重个性消费的年代，“搭子”更加看重的无非是个体感受，毕竟维护一段关系的成本实在太高了，反观“搭子”，则在碎片化、崇尚个性与自我的时代突出重围，充满了灵活性和自由度。日本学者三浦展曾写过一本名为《第四消费时代》的书，书中将日本的消费行为划分成四个时代。第一时代大概从商业社会逐步形成，彼时正逢都市化大规模建设，人们开始向往西式的生活方式；第二时代，随着城镇化进程的不断推进，对应着高速发展的经济繁荣期，人们开始经历从无到有的消费转变；等到第三时代，人们开始逐渐追求个性，不再喜欢标准化的产品，取而代之的是充满个人特色的消费品；到了第四时代，信息社会的发展也在进一步深化，人们慢慢发现，只有通过传播、交换、与他人共享，才能体会到拥有信息的乐趣，由此，消费模式也发生了转变，人们开始意识到将钱花在攀比消费上毫无意义，最重要的是与人产生联结感，用钱购买美好体验，度过一段美好时光。

在三浦展看来，第四消费时代的兴起与第三消费时代密切相关，所以两个消费时代的更替是模糊的，并没有一条轮廓清晰的分界线。而第四消费时代的主要特点是更加注重共享、个性、简约和舒适，甚至可以这样讲，“搭子”消费在一定程度上契合了第四消费时代的特质。

这个时代人们不再追求“经济飞速发展”和“效益最大化”，而是享受简约的生活方式；不再终日奔波、蜗居在大城市，而是重新发现地方的特色和自然的力量。不再努力工作拼命挣钱，而是帮助他人、共享快乐、获得内心的平静与幸福。在这个社会，环保节约成为一种文化，人与人之间的交往自然而温暖。

找个“搭子”一起消费，肯定会比单纯的“买买买”要更为快乐，毕竟有人分享、有人陪伴，还能在一定程度上削减开支，何乐而不为呢？

父：曾经有一段时间热议过的“共享经济”，与“搭子经济”有什么区别吗？

女：“搭子”社交方式鼓励共享和合作，与共享经济的理念也有一定程度的契合。

共享经济模式改变了传统消费模式，使消费者能够通过共享资源、服务和体验来实现更经济高效和可持续的消费方式。而“搭子”社交方式进一步推动了这种改变，使“共享”呈现出更多的样子。

目前已经有一些企业品牌针对搭子文化进行了产品营销创新。比如，伊利品牌聚焦年轻人的“搭子”文化开始匹配消费者的新场景，并进行了拟人化的修饰；针对家庭人群，伊利 QQ 星是孩子的“成长搭子”；舒化无乳糖牛奶，无乳糖好吸收，打造全家的“健康搭子”；等等。

父：搭子也对应着一个个圈层，更像是一个人不同爱好的对应群体。如果企业能发现场景下的消费痛点是营销的核心逻辑，利用好的产品和服务在圈里快速引爆，也是企业借势和营销的一个方向。

女：无论环境如何变化，消费基本逻辑不变。只有理解消费者的生活，满足消费痛点，迎合消费需求，才是企业营销、创造流行的根本。

案例链接：法国依云小镇

法国依云小镇的发展建设基本可以分为三个阶段。

初期——名流聚集疗养地

1807 年，销售依云水（依云矿泉水）；

1824 年，建立温泉疗养院；

1864 年，赐名依云镇，成为名流云集地。

中期——打造度假胜地

1902 年，建立依云水疗中心；

1984 年，改建为 SPA，即依云水平衡中心；

1904 年，建设高尔夫球场并向锦标赛升级；

1870—1913 年，集中建设度假设施和市政配套。

高端发展期——成为会议之都

1994 年第一届依云大师赛；

2003 年西方八国峰会；

20 世纪 80 年代以后，依云系列化妆品、护肤品风靡全球。

依云小镇的成名我们可以借鉴的经验主要在于优势产业的整合与产业改革。

首先，就要做到优势产业的整合。戏剧性的神话故事，让依云矿泉水充满了神秘感，专家们的证实又让依云水多了一个“健康”标识，有利于区别其他矿泉水。

依云镇的大部分建筑在 1870—1913 年完成，市政厅、博彩中心、大教堂等地标性建筑都面朝莱蒙湖，是典型的 19 世纪法式建筑风格。复古式建筑风格，为小镇增添了一股浓厚的文艺气息。

依云温泉号称世界上唯一的天然等渗温泉。温泉水的 pH 值几近中性，独特的等渗透性对皮肤有极佳的治疗作用，是法国著名的医疗温泉。

其次，是依云小镇的一系列改革措施。

品牌宣传：利用依云矿泉水及贵族定位的宣传，将依云小镇的“神仙水”的口号打响，勾起人们的好奇心，增加人们对小镇的“探秘需求”。

发展优势产业：依云水是依云小镇的第一产业，因为依云水对一些疾病有显著的治疗效果，根据这一优势，1902 年，成立了“依云水治疗中心”，主要提供依云天然矿泉水SPA、按摩师根据病痛的部位按摩治疗服务、母婴游泳和母亲产后体形恢复养生服务。

增加文化认同感：依云小镇将“宁静、健康”输入小镇建设中，小镇居民对于文化的认同感与小镇的归属感十分强烈，每逢节假日他们便会自主布置居所、装饰小镇。

形成产业链闭环：利用自然资源与优势资源，形成产业链闭环，从初期疗养胜地，到水主题养生度假胜地，最终走向聚集旅游度假、运动、商务会议等多种功能的综合性养生度假区。

如今的依云小镇已成为欧洲极具代表性的文旅小镇，是欧洲人休闲度假、夏天疗养、冬天滑雪泡温泉的最佳胜地。

“闲”是生产力发展的根本目的之一

父：我国著名经济学家于光远曾说过：“‘闲’是生产力发展的根本目的之一。闲暇时间的长短与人类的文明进步是并行发展的，从现在看将来，如果不属于闲的劳动时间随着社会生产力的发展能够进一步减少，闲的地位还可以进一步提高，这是走向未来经济高速发展的必由之路。”

我也认为让社会普通人群拥有更多的自由时间，是通向更美好的理想世界的道路；自由时间更应是衡量未来社会财富的重要尺度。我在欧洲旅行时，看到欧洲人很喜欢利用一些自由时间探索和游戏，恢复身心，获得快乐。对于他们来讲，“普遍有闲”是一种理想的社会状态。

欧洲人的“闲”可以催生一个产业的发展，他们的生存压力较小，活得相对舒坦，也需要更高质量的闲暇来获得幸福与快乐。

女：我在瑞士蒙特勒小镇旅行时，就获得了一段难忘的本地生活体验。这个是法语区的小镇，历史建筑与自然美景相结合，湖光山色总相宜。小镇不算特别大，但依山傍水而建，坐落在日内瓦湖畔的城市，它是浪漫的爵士之都，是羊胎素美容胜地；它有着田园诗般的性情，这里的一鸟一木、一山一湖、一瓦一墙，美得让你毫无防备地窒息。随着火车向上爬升，云朵清晰分层，竟数次穿云而过，将山峰和城市隔离开来，宛如升天到达仙境，这是《音乐之声》般的田园风光。这是一种只有身临其境才能真正体会的感觉，一种天人合一的境界。就这样，我在日内瓦湖边坐了几小时，说逃离也好，说躲避也罢，偷得浮生半日闲，独享这份难得的宁静。

瑞士蒙特勒小镇从本地这种休闲生活出发，催生出一类新服务、孵化新科技项目，也成就了一类新产业，这成功经验很值得我们学习和借鉴。

父：有一篇网文流传甚广，大意是说，某人累死累活工作许久后到欧洲旅游，惊讶地发现当地人生活却无比悠闲，老外表示很难理解中国人无止境的忙碌勤奋，因为在他们看来，那不是人生的真正目的。此言犹如醍醐灌顶，顿时使这个人感慨人生的另一种可能，并进而反思自己原有的人生经历。

古往今来，有很多名家赞颂过闲暇的价值，古有陶渊明“农务各自归，闲暇辄相思”、杜牧“公私各闲暇，追游日相伍”、陆游“琴书闲暇永清昼，簪履光彩明华星”；到梁实秋《闲暇处才是生活》中“在忙碌与疲惫中，寻找心灵上的闲暇与自处，匆忙中，悠闲那么可贵”；到英国哲学家罗素的“充实闲暇时间是人类文明的最新成果”；美国经济学家梭罗“有时间改善自己灵魂资产的人享有真正的闲暇之乐”。可见闲暇的生活方式一直都是经济生活不可或缺的一部分。

女：这里有一个概念叫作“休闲经济”，休闲经济在微观产业层面上即休闲产业，是城市型产业体系中的重要部分，是在旅游、度假、娱乐、健身、购物、文化艺术、再教育等休闲产业基础上形成，将“返回到健康、平衡的天性上来”作为出发点和手段，以回归“人文关怀”为基础，关注人的全面发展和提高人的生命质量的一种休闲化经济模式。

休闲产业已成为发达国家的支柱产业和我国经济的重要支柱。休闲也是衡量城市社会文明和居民生活质量的标尺，随着生活水平的提升，休闲生活、休闲行为、休闲需求、休闲消费成为新一轮经济大潮，席卷世界各地。

比如开普敦、迪拜、杭州、赫尔辛基、尼斯、奥兰多、里约热内卢、塞维利亚、新加坡、维也纳就是公认的全球十大休闲示范城市。

父：这些休闲城市都有怎样的开发模式呢？

女：以新加坡为例，我们都知道新加坡是一个善治而为的亚洲花园城市，城市休闲发展指数 0.789，被公认为“宜居、宜业、宜游”的城市，旅游休闲品牌享誉世界。

新加坡的城市开发模式主要体现在三个方面。首先是科学规划构建享誉世界的“花园城市”，因地制宜保留历史街区的原有气息，将自然环境恰当嵌入城市之中，打造城市生态休闲空间。

其次是资本带动，打造特色产品体系。比较热门的是新加坡仲夏夜空项目，包含教堂、博物馆、校园等幕布载体灯光秀，魔法秀、乐队、灯光剧等多种风格表演；建设世界上最大的摩天轮和世界上最大的飞禽公园，创建世界上第一个夜间动物园和第一个 F1 夜间赛场。

最后是整合营销，塑造城市品牌。旅游局整合旅行社资源，推出精品旅游路线，实现多层次营销，相继推出“狂欢新加坡”“非常新加坡”“我行由我，新加坡”等城市休闲品牌。

父：我曾经详细考察过杭州的休闲城市建设，杭州作为一个品质与创新兼具的东方休闲之都，也给我带来了很大启发。

杭州是中国休闲城市建设的引领者，具有优雅闲适的人文传统，各种民间技艺、市井民居、酒馆茶楼精致和谐地聚集在山水之间，展示了东方休闲生活的智慧与魅力。

在整个城市范围营造休闲空间载体，运河、西湖、西溪、钱塘江畔规划建设了一批城市公园；完成一批市民化、通达化、休闲化的城市广场和步行街。

通过创新手段促进发展，十大休闲基地为基础，大力发展美食、茶楼、演艺、疗休养、保健、化妆、女装、运动、婴童、工艺美术等十大潜力行业，打造休闲项目。

采用政企民协力发展方式，政府组织保障、免费开放，企业、行业协会等市场主体投资建设，市民广泛参与、支持和认同政府及市场部署和投入。

女：这样的案例还有很多。比如，奥地利首都维也纳，通过多层次、多角度的城市发展规划，文化培育、科技延伸等综合能力共同推动，高度重视休闲空间和休闲设施，以观光为带动，逐步形成综合休闲产业体系，打造典雅闲适的欧式休闲城市。

芬兰首都赫尔辛基通过完善、便利、低价的公共休闲设施，高效便捷低价的公共交通，丰富多样的公益性设施与服务，打造淡定低调的平民休闲城市。

美国东部奥兰多，以主题公园为起点，逐步形成大休闲产业体系，依靠产品营销、企业营销推动城市品牌营销，重视科技手段的应用，打造快乐创意的美式休闲之城。

巴西第二大城市里约热内卢，通过城市再生规划满足并促进居民休闲方式的改变，四大主打产品构筑具有竞争力的休闲产业体系，突出城市特色的城市营销，独具特色的南美文化渗透在休闲的各个方面，打造一个全方位渗透的南美休闲之都。

父：人们都向往理想的休闲生活，这对于城市的休闲经济发展也带来了更高要求，如何把城市休闲生活融入地区经济，打造成城市经济增长的内生动力，让城市焕发源源不断的生机活力，是每一个城市都要深入思考的问题。

女：对比国际案例，给我们国内的休闲城市建设提供很多参考思路。经验之一是科学城市规划引领，合理把握休闲经济特征，对土地利用、空间布局、项目风貌进行统筹安排，推动休闲经济快速发展。

经验之二是休闲产业体系构建，依托城市旅游、文化、康养、教育等休闲资源，因地制宜构建休闲细分产业体系。

经验之三是休闲产品体系构建，基于城市基底，打造多样化、艺术化及个性化的休闲产品体系，满足多元化休闲需求。

经验之四是精准营销体系搭建，利用大数据，精准定位目标客群，依靠差异化产品营销、品牌营销等营销方式吸引客群。

经验之五是科技手段应用打造，重视科技手段在推动休闲产业中的重要性，引入 VR、AR、全息影像等新兴科技资源提高城市知名度。

经验之六是资本带动产业集聚，依托大量社会资本，成立产业发展资金或投资基金，投资区域旅游休闲、城市休闲等潜力项目。

父：对于休闲城市的高层次战略谋划，要敢于秀出国际范儿。西方发达国家在休闲经济发展方面经验丰富，引领市场潮流已经很多年。我国一些城市则在反思以满足生存、温饱和高增长为目标的“速生城市模式”，推行城市更新和再生，推动消费升级。

首先，我国城市发展休闲经济，可以尝试与国际的规划设计机构、运营机构合作，举办论坛、描绘愿景、提升影响；导入设计、业态和运营资源、拓展国际合作网络和渠道，让城市的休闲经济一开始就秀出国际范儿。

其次要争取政策牌照。休闲经济范围广泛，覆盖“公共经济、服务经济和消费经济”三个范畴，涉及教育培训、康养保健、旅游度假、文化艺术、农业休闲、体育运动、综艺娱乐等多个细分领域。建议借鉴产业园区的发展模式，谋划设立“休闲经济区管委会”，申请“国家（旅游）休闲区试点”，圈定特定重点区域和产业载体，统一协调，专责推进，考核其推动休闲经济发展的增量。在工作中，细分业态争取和对接上位政策支持，分项目设计创新扶持政策，打好政策牌，争取各种含金量比较高的市级、省级和国家级政策牌照。还要积极营造艺术空间。休闲经济的高附加值、高含金量一定是跟文化艺术息息相关。将休闲经济发展的主阵地变成国内外青年新锐艺术家的“艺术实验场”，举行壁画、音乐、微景观、雕塑、未来空间实验室、时尚走廊、科技漫游等“低 / 零成本”赞助竞赛，既营造休闲空间和休闲环境，又聚拢人气，传播影响。

最后是打造节庆资产。以“品牌资产”思维，对节庆活动进行持续和长期投入和市场化运营。以特许授权模式，招标专业市场化公司与政府合作，共同打造“地方节庆资产”，让渡品牌资产的收益权，获得市场化机构的专业能力和前期投入，避免政府的纯成本行为。

女：对于城市发展休闲经济该如何招商，您有什么对策建议吗？

父：关于休闲城市高质量精准招商，首先要重视复购市场。休闲经济发展不同于旅游观光业，往往更注重本地市场的挖掘，重视休闲业态的重复消费频次。所以，立足于当地发展基础和区位交通条件，客观定位当地休闲经济的市场，确立主力客群为核心圈层市场，在业态上实现儿童、青少年、中青年和老年群体“全龄化覆盖”，注重挖掘核心圈层市场的休闲消费深度和频次。在本地市场之外，确立第二圈层市场、第三圈层市场，作为重要补充。

其次是引导健康休闲。鼓励发展“主动式、积极型、小众化”休闲业态，包括老年大学、插花艺术、烹饪学校、农事劳作、艺术研修、音乐舞蹈、儿童科教、健身运动、运动康复、美术展览、竞技体育、讲座论坛等，通过健康休闲消费，提升人们综合素养、身体素质和精神层面的幸福感。

再次是精准龙头招商。统筹规划出各产业载体的旗舰型休闲业态，政企合力，筛选锁定适宜性的“龙头企业”。尝试将公共财政资金中有关“科教文卫、生态保护、历史文化保护”的资金与市场化资金相结合，降低龙头企业的经营成本。力争不仅招得进，还要活得好，通过一批龙头型企业的入驻经营，带活一个产业载体，培育一个产业生态。

最后是鼓励创新创业。休闲经济业态相对细分，大多从业者都是小微企业或个体工商户，多是本地居民独立创办或者加盟其他休闲商业品牌创立。要活跃地区的休闲经济，这些中小微企业和个体工商户不可或缺，建议制定针对性的政策，采取更多“共享性、公共型”的举措，鼓励休闲经济领域的创新创业。

女：城市休闲经济应当如何运营呢？

父：在资本资金导入层面，由政府主导、市场参与、民间聚力，通过政府资金主导、开发资本引领、金融资本支持、产业资本汇聚、百姓资本参与，为当地休闲经济发展注入资本。首先政府出台引导政策和引导资金，支持休闲产业发展，为地区休闲经济开展导引客流的营销活动；其次由主力开发商牵头，联合各类专业开发主体形成开发资本，实现土地高效利用等；再次汇聚包括银行、信托、基金、证券等金融机构融资能力，汇集专业教育、康养、体育、文化等产业投资机构，聚集民间资本力量，实现对地区的产业投资。

在招募运营机构层面，政府发起设立用于休闲经济集合营销的专项基金、运营基金或专项资金，由政府向社会公开招募第三方专业管理机构，进行以年度为单位的委托管理。年度运营业绩考核通过，续签第二年合同。

在开展运营活动层面，除固定“地方节庆品牌”打造和运营外，运营机构可与各产业载体，大型休闲商业机构合作，整合政府和市场的两种力量，开展各种导流活动，尤其将各类休闲活动包装成“竞赛、赛事”，多次传播、持续引爆。

在应用智能技术层面，一是在主要的休闲经济场所大力应用物联网技术，对进入休闲经济区域的人群利用智能手环或微信扫码进行统计分析，根据逗留时间派发休闲积分。根据“签到即得”的原则获取赞助商家提供的广告商品或服务，进行休闲积分兑换。将一定时间段的休闲时间智能汇总，形成并发布“休闲时光指数”，考核运营业绩的同时，营造社会影响。二是建立基于区块链数字货币的跨商家智能积分系统，将分散各地的休闲商家经营联系起来，相互导流和赋能。遵循消费资本论和“按劳分配”理念，对于消费者的真实交易行为进行“智能积分奖励”，通过智能积分，消费者既可以成为休闲商家实质性股东分享红利，也可以跨商家使用智能积分进行消费，还可以直接将智能积分兑换为现金得到实质优惠。

本地生活是城市最鲜活的 IP

女：每座城市经过历史积淀都会发展出独特的文化 IP，城市的生活与性格都在城市 IP 里。
以成都和重庆为例：这两个城市同属西部地区，同是西南中心城市，但这两个城市的文化风格却差异巨大。成都是一个以天府广场为中心的商业城市，由商贩通过买卖实现商品流和资金流的运作，所以成都文化关注人际关系的和洽，互相沟通，讲话温和，生活闲适，构成了独特的商业市井式文化。
而重庆是一个码头城市，西南水系绝大部分汇入了长江和嘉陵江，而两江又在重庆汇合。码头文化带有非常显著的船运色彩，在惊涛骇浪中互相帮助才能共渡险滩，所以重庆人仗义豪爽，脸盆一支，调料一放，往里面涮东西就是火锅。因此重庆人粗犷直率，脾气火暴，带有显著的码头文化色彩，这就是文化带来的城市性格差异。这种差异给每个城市带来了独特的基因和底蕴，构成了城市与众不同的性格和无与伦比的魅力。
西安运用抖音的力量打造西安的 IP。杭州通过 G20、国际动漫节等一系列活动打造杭州的 IP。上海被民间昵称为“魔都”，除了因为上海拥有诸多的摩天大楼以外，更多的是因为其摩登、时尚、浪漫与前卫。

最近，上海推出“夜生活之都”，如果说夜上海是魔都的时间延伸，那么特色街便是魔都的空间延伸。上海在商业中心区周边划出一些街巷，针对特定的小众消费人群开发业态集中、个性鲜明的、独特的商业经营内容，被坊间称为“大商圈，小马路”，构成了上海与其他都市完全不同的商业业态和商业深度。这对魔都品牌的深度挖掘便是一个很好的支撑。

父：城市通过 IP 化实现城市与人更好的对话，让人们通过城市 IP 感受城市性格，并通过想象力留下独一无二的城市记忆点。城市 IP 的打造有很多手段，也不见得非得通过一些标志性的活动来实现。纽约用一个“I love NY”的 T 恤衫和帽子就风靡全球。洛杉矶的圣大莫尼卡只是以海边小镇的自然风貌营造出亲民、闲适的环境氛围，以至于成为去洛杉矶的游客的必打卡之地。内华达州的拉斯维加斯集会展、拳击等比赛，为这个沙漠城市提供了独特的文化魅力，创造了独有的城市 IP。欧洲的小镇更是如此，瑞士的琉森、英国的爱丁堡、法国的尼斯，其独特的城市 IP 和城市风貌，都是无法复制的。只有植根于灵魂深处的城市魅力，才是难以仿效的。所以，这对中国城市的 IP 建设具有很强的启示性。

女：目前，许多城市都试图打造城市特有 IP，但是很容易产生“千城一面”的情况，城市的特质体现不突出。城市 IP 要突出重围，做出亮点，我认为至少需要做到以下三点。第一，对该城市的历史文化进行深度挖掘，比如宁夏银川的西夏王朝是一种非常神秘的存在，从它的勃兴到最后衰亡，很多至今都是历史之谜，如果能把西夏王朝的文明进行深度挖掘和导入，加上塞上江南的独特自然风貌，银川的城市魅力必将会有几何级数的提升。

第二，在城市规划和硬件建设方面，要更多融入传统文化的元素。中国历史上每个朝代、每个区域都有很多独特的东西，如徽派建筑的“马头墙”，再比如江南小镇的小桥流水、西安的汉唐文化风貌，都是极具特征的建筑样式。

第三，从食住行游购娱六要素来系统开发城市 IP 和宣传亮点，消费者对城市的感受是立体、全面的，甚至包括旅游纪念品在内，都能很好地传递城市 IP。独特的小吃、服饰、与众不同的建筑、魅力无限的生活方式，都需要有专门的策划与设计，这样才能构成立体化的城市 IP。

父：城市 IP 化的过程就是将当地文化符号扩展到产业的过程，通过城市 IP 的塑造，进而带动城市文化产业的发展，只能给城市带来很多好处。首先是个性差异日益显著，中国 IP 的营造让这种差异性更加明确，更加细致，从而在顶层设计上为城市 IP 找到独特的基因和理念。

其次是城市 IP 逐步演变为城市文化创意产业和旅游服务产业，将城市 IP 产业化，通过盈利，来进一步提升城市 IP 品位，这才是具有可持续发展能力的模式。

此外，城市 IP 通过对内传播让全体市民认知其价值，并成为城市 IP 推广的重要力量。只有植根于全体市民的心目之中，其城市独特的魅力才是由内而外的，才是本源的。通过原创性的活动，打造差异性的推广方式，让城市 IP 促进城市旅游的发展，同时有了更强的经济实力，才能为城市 IP 的升级提供源源不断的资金支持。这便构成了城市 IP 发展的闭环生态系统。

因地制宜构建生活产业系统

女：每一次观点的碰撞都会给我带来新启发。对一个人来说，性格决定了命运，对于城市也是如此，城市的性格也影响着城市产业的发展，城市的本地生活影响着城市该如何选择合适的产业，营造何种类型的产业生态系统，这是两者相互匹配、相互选择的结果。

如果说，从改革开放到现在，城市是因政策、行政法规、资本而驱动，那么未来，真正驱动一个城市再发展和再创新的就是城市性格，这是城市之间最大的不同，也是城市真正魅力所在，还是一个城市未来发展和创新的驱动力。

中国将逐渐进入一个区域化竞争的时代，行政和政策起到的作用将会越来越小，而真正彰显竞争力的是城市的软实力——城市性格。

一个城市的性格与它的历史、是否开放和包容以及对待风险的态度有关。以上海为例，上海除了装备制造、芯片制造、汽车制造这些传统产业，近年在生物医药领域也取得了长足的进步。

生物医药产业依靠大量的资金和高端人才，形成专利往往需要几年的时间、数亿元的资金投入，需要对其成长保持耐心。而上海可以提供一个长期稳定不浮躁的发展环境，支撑这些企业成长，因此吸引不少外资和国内企业在上海投资专利药研发基地和生产基地，占据价值链的高端。

父：有人说，“上海是一个表面上极其开放本质上又极其保守的城市”；又有人说，“上海是中国接受潮流最快的城市，但接受后不会在上海落地生根”，这就好像接收都是外来的浮光掠影，而不是自己城市中慢慢长出来的事物。上海被称为“魔都”不无道理，这是一个有魔性的城市。

深圳就是另一种城市性格，也造就了它与上海不同的产业发展优势。“深圳模式”的法宝之一就是“敢为天下先”的气魄，持续推进了城市的全方位改革。

深圳是一个尊重游戏规则的城市，这个规则就是“实力”，就是你是否“做到”。所以人们甚至愿意放弃梦想，用“实干”和“效率”更快地拥有它，“发展才是硬道理”已经深入这个城市骨髓，也变成这个城市的性格。

如果在深圳谈政治、谈文化、谈产业布局，可能无法吸引周围人的关注。他们只相信距离他们最近的事物，相信能抓到手里的事物。在商业上，他们从产品出发，从产品需求的最大公约数出发，抓住这个点死死不放，不断迭代，做到极致，把商业利益最大化，快速积累自己的财富和公司的规模。想到什么，就马上去做，没有过多的废话，在做的过程中试错，逐步完善产品。敢为天下先，用“一招鲜，吃遍天”的方式打赢市场。

改革开放 40 多年，深圳以敢闯敢试、敢为天下先的精神，在人事制度、商事制度、分配制度、要素市场和投融资制度等领域开展了全方位、系统性的改革，破除一切束缚生产力的障碍。

深圳从“世界工厂”转型为“高科技之城”，5G 产业、大数据产业、人工智能产业、新能源汽车产业和集成电路产业五大特色产业都走在世界前列，这也是受到城市性格的影响。

女：上海是一座追求潮流的城市，只相信成功时的荣耀，不太在意你追求成功的过程。
深圳相信发展才是硬道理，如果用一个职业来界定这个城市，那就是创业者，永远的创业者，不知疲倦的创业者和战士。
而北京是一个听从内心声音的城市。在北京创业的人，都喜欢用“产业思维”进行思考，在算法上喜欢用布局的方式实现自己的产业目标。例如，雷军的小米是产品起家的，到最终也变成产业思维，用投资的方式打造他的产业生态：小米生活馆。
郝景芳在《北京折叠》一书中认为：北京空间分为三层，一层是特殊阶层所在的第一空间，二层是中产阶级所在的第二空间，三层是赤贫者所在的第三空间。北京是“空间感最丰富的城市”，可以满足不同人的不同梦想，它是“第二空间分层最多的城市”，各个维度经线都可在这座城市生根发芽，这也是这座城市的魅力所在。

父：是的，不同城市的性格也决定了他们的命运。对于杭州，可以说是被马云重新塑造过的城市。一个人、一家公司重新塑造一个城市，这在北上广深几乎不太可能，但在杭州就可以，杭州是一个让人着迷的城市。
杭州的商业思维没有什么“对错是非”观念，它只有一种思维，是否可以占领这个市场；是否可以先破坏这个市场的规则，再占领这个市场。

网易严选是典型杭州商业的做法“好工厂＝好产品”，我不管你是否破坏产业的生态，只要我起来就行。因此，这种丛林法则就成了这个城市的性格，如果用一个词形容它，应该就是猎人，只要他们盯上的猎物，他们可以随时调整自己，适应周围的环境。

女：今时不同往日，我们需要重新审视城市生活对于城市的意义，从“润物细无声”到“花重锦官城”，城市发展的惊喜和潜力也许就藏在亿万百姓生活的汪洋大海里。

课堂金句

1. 城市通过 IP 化实现城市与人更好的对话，让人们通过城市 IP 感受城市性格，并通过想象力留下独一无二的城市记忆点。
2. 城市 IP 化的过程就是将当地文化符号扩展到产业的过程。
3. 城市发展的惊喜和潜力也许就藏在亿万百姓生活的汪洋大海里。

第八堂课　引爆

在传播过度的社会中，获得成功的唯一希望，是要有选择性，集中火力于狭窄的目标。

——艾·里斯、杰克·特劳特《定位》

课前提要：一个优质的IP能够短平快引爆一座城，结合时代需求和自身资源，融入新的故事和元素，以整体推广的系统营销思维，让城市在不同时期总能以合适热点出圈，焕发持久生命力。

对谈场景：上海迪士尼

上海迪士尼是全球第6座迪士尼度假区，也是全球面积第二大、全亚洲面积最大的一座迪士尼乐园，于2016年6月16日开幕，它是很多人来上海的主要目的地之一。

前段时间上海迪士尼新增了全球首座疯狂动物城主题园区，趁着新片区开发，我跟老爸的行程也安排上了。夜幕低垂，“点亮奇梦·夜光幻影秀”拉开帷幕，投影、激光、烟花交相辉映，将城堡渲染成如梦如幻的魔法世界。随着剧情和音乐，烟火和灯光不断变幻，童年回忆扑面而来。

就着迪士尼网红餐厅的“复仇者联盟套餐”，我们一边吃一边聊。

优质 IP 具有强大引爆价值

父：你长大后我们第一次一块来迪士尼，感觉很神奇，在迪士尼我们就像好朋友，有时候虽然不知道你们年轻人的开心点是什么，但也会跟着高兴。

女：我基本上每年会来一次迪士尼，包括日本东京、法国巴黎、美国加州、中国香港这些城市的迪士尼乐园。在我潜意识里，我好像很“信奉”迪士尼，它在那里就能始终提醒我：永远保有童真，做有少年心气的 Big Dreamer。

父：是的，迪士尼的 IP 既成功又很经典，迪士尼不仅是迪士尼，它已成为我们平凡生活中，一处在用心保护最初梦想的地方。

其实从客观角度分析，早在 20 世纪 30 年代，迪士尼的作品就引入上海了，同时包括电影和漫画，而且与中国本土元素结合，做了很多“本地化”的创新。迪士尼旗下包括米老鼠在内的很多电影在 20 世纪 30 年代的上海就已流行。迪士尼的成功，我觉得有四个关键步骤。

第一步，高成本打造电影或动画。迪士尼不打没有把握的仗，也从未推出一个失败的 IP，票房是第一轮收入。

第二步，IP 再创造。影片中所有的 IP 迪士尼都可以放到度假村和主题乐园中，这些 IP 吸引了全球的观众，“童话梦”让亿万游客回到了童年，花钱只不过是顺便。

第三步，通过建立遍布全球的迪士尼加盟连锁店，形成品牌效应，把迪士尼的 Logo 出售，坐分利润。

第四步，最大化提取 IP 价值。影片的电视、媒体转播权出售，让网络增强 IP 的传播和价值，从而提高前三步的产品销售。

年轻人在迪士尼通过消费强化了“身份认同”，同时完成了迪士尼所建构的“文化想象”，让无论男女老少，都能在迪士尼完成属于自己的“童话梦”。

女：我们刚看到的米老鼠和唐老鸭、白雪公主、玩具总动员、冰雪奇缘……这些优秀 IP 背后，是迪士尼“讲故事”的本事。来迪士尼的游客不是单纯的“旅行者”，更是“粉丝”。

中国旅游研究院发布的《共建美好生活·共享快乐旅游——上海迪士尼度假区快乐旅游趋势报告》指出，在优质内容和讲故事方面，迪士尼坐拥大量优质 IP，并提出了“原汁原味迪士尼，别具一格中国风”概念，将中国文化与迪士尼的故事讲述互相融合。优质的内容，起到了赋能文旅融合的积极作用。

在迪士尼乐园主营收入中，门票收入占比约为 30%。米老鼠、汽车总动员、星球大战等电影中虚拟人物造就了迪士尼衍生品的产业链，其开拓了电影、乐园、邮轮、服饰、出版物、音乐剧、玩具、食品、教育、日用品、电子类产品等一系列消费品。游客在进入园区后的第二次消费才是迪士尼盈利的真正来源。

父：年轻人占据着越来越多的旅游市场份额，文化 IP 也向“体验型”旅游产品延伸，成为旅游市场的“强音”。
比如年轻人喜欢穿着汉服逛故宫，我看过一个关于汉服的市场数据，汉服 2022 年市场规模 125.4 亿元，2025 年有望达到 191.1 亿元，同比增长 13.2%。近年来，传统文化复兴，汉服文化逐步走向流行。

女：是的，这是一个大趋势，大部分消费者购买汉服的渠道为淘宝、闲鱼等线上购物平台，也有一半的消费者从线下汉服实体店购买汉服。
随着汉服产业的发展，汉服写真、汉服租赁、汉服体验馆也成为产业中必不可少的一环。汉服品牌与博物馆、游戏、影视剧或漫画的跨界 IP 合作以及举办线下活动，或成为汉服品牌打破原有用户圈层，提升品牌知名度的重要方法。

父：虽然 IP 的形式千差万别，但优质 IP 具备共同特征，核心的世界观和价值观、海量的粉丝群体、强大的流量优势以及可持续挖掘的空间。
1941 年，漫威塑造了“美国队长”史蒂夫·罗杰斯的角色形象，广受大众欢迎。2011 年，“美国队长”的形象在时隔 70 年后，被重新搬上屏幕。虽然电影根据消费者的需求，调整了原漫画的环境和历史背景，但“美国队长”身上的道德、勇气、力量等处世哲学和价值观跨越时代，依然具有强大的吸引力。

女：泛娱乐的高速发展使一大批天价的超级 IP 呈现井喷之势，J.K. 罗琳笔下的哈利·波特摇身变成了价值 250 亿美元的超级 IP；网红小说《花千骨》借助影视、游戏、衍生品等产业，产值突破了 20 亿元；熊本熊的漫画形象，两年内为日本熊本县创造了 1200 亿日元的经济效益。

父：随着年轻人对文创 IP 的接纳度越来越高，IP 文创产品不断出现在旅游市场。文创雪糕、文创月饼、文创文具、文创彩妆……各种传统 IP 与现代产品结合，打造出了一个个专属旅游目的地的 IP 生态链。

《中国文博文创消费调研报告》显示，从年龄差异看，文创消费年轻化趋势明显。1990 年后出生的消费者占比超过 53%，其中“95 后”占比更是达到了 30%。年轻人更加注重文博文创产品的新鲜与个性化特质，同时更接纳线上购买文博文创品。故宫这一 IP 也是在用年轻人喜闻乐见的方式去做营销，产生互动交流，实现潜移默化的转化，最终让更多人认可。

女：IP 要想得到我们年轻人的认可，只有真正融入生活，才能让它“活”过来，并为地方带来发展。

IP 的巨大价值在于不断挖掘和衍生出不同的商业形态，覆盖不同受众，创造独特价值，彼此间通过 IP 核心的价值观交互强化，从上游的网络文学，到中游的影视、动漫作品，再到下游主题公园、游戏、衍生品，IP 价值层层放大。商业开发是拓展 IP 影响力、吸引新粉丝的重要一环。IP 的核心要素并非形象、故事或品牌，而是让目标消费群体能够认可的文化与价值观，精神和价值层面的吸引远比单纯的功能性满足更具流量能力。

父：是的，IP 开发的成功与否最终将通过变现能力体现。IP 价值的释放不仅创造了巨额的利润，也可以反哺于创意产生环节，激励创造更多优质内容。IP 打造和开发不是一次性的商业活动，真正的超级 IP 需要根据时代的变迁，围绕抽象出的精神内核，结合时代特点和用户需求，融入新的故事和元素，让 IP 能在不同时代、以不同的面貌和形态出现在大众眼前，焕发持久的生命力。

超级 IP 的打造，并不只需要优质的内容和创意，而是要结合各方资源，形成一整套可复制的 IP 创造和运营经验。

筛选具有共同价值、海量粉丝群体、强大流量优势以及可持续挖掘空间的高潜力 IP，从中抽象出核心的价值观和世界观予以挖掘和拓展，明确商业定位，设计在社交媒体、移动游戏和短视频等媒介间的跨媒介互动理念，让 IP 在网文、动漫、游戏、主题公园、衍生品等多业态间自由转换，以多元内容矩阵创造衍生业态，持续稳定地为企业创造利润和价值。

在你看来，什么样的 IP 会吸引年轻人？或者说你喜欢什么样的 IP？

女：从一个年轻人的角度去理解，我喜欢的 IP 有三大特点：文旅 IP 的次元跨界吸引力，文旅 IP 的落地沉浸体验力，文旅 IP 的社交传播故事力。

文旅 IP 的打造应是文化和旅游各类要素融合整合的基础上，综合形成的具有文化特质、品牌内核和独特价值体现的知识产权体系。

父：是的，为适应 Z 世代消费者的新习惯，文旅 IP 还需不断与时俱进，赋予其时尚面孔和当代价值。在当下的各种传播途径中，无论是视频还是评论，都呈现出高品质和“真善美”的价值观。

一千个平庸景点的传播价值也抵不过一个优质 IP，通过向外传播景区优质内容，借助社交互动数据精准触达目标客群，才能让目的地营销回归。

本地生活是群体寻找情感共鸣的基础

女：说到本地生活，我又得拿成都举例了，这座城市生活实在深入人心了。知乎上有个高赞答案是这样描述成都的：“如果我老是怀念一座城市，无非是它带给了我此前所有生活体验的巅峰，而往后见过的风景，再也没有能比得上它。”

一个“来了就不想走的城市”，连续多年获评“中国最具幸福感城市”第一名，“雪山下的公园城市、烟火里的幸福成都”。

父：这说明成都在城市营销上找准了自己的位置。对于“成都生活”的精准把握是让成都成为“顶流”的原因之一。一句“成都成就梦想”唤醒全球年轻人的青春和梦想。“一边奋斗，一边生活”，这是青年向往成都的理由之一。大运会让成都的热度又上一层楼。在一些公认的榜单数据中：Z 世代“最喜欢的新一线城市”稳坐榜首，从阅读、看展，到去凤凰山看足球，上环城生态区绿道骑行，在泵道公园里追“浪”，这些符合人们对于高品质生活的追求，也成为这些年轻人来成都的理由。

女：从赵雷的一曲《成都》，到之后《问道·成都》《成都无边界》等多版城市宣传片，成都近年来屡屡登上话题榜，已经成为广大文艺青年必到的“诗和远方”，哪怕玉林路的小酒馆里其实连个驻唱都没有。

这些事也让我对本地生活的营销有了新想法。不同地方文化的碰撞，往往会产生意外惊喜。如冰城哈尔滨在年初成为首座顶流旅游城市之时，众多南方旅客涌入东北三省，作为南方游客的专属昵称的“南方小土豆”就因俏皮可爱、朗朗上口迅速出圈，成为网络热梗。“小砂糖橘”更是沿用了这一热梗句式，借助短视频平台不断复制繁衍，大量网民前来玩梗，造就巨大传播声量。

在事件的持续发酵中，产生了各种代表不同地区极具想象力的专属昵称，如“小熊猫”“小野生菌”“小东北虎”“小冻梨”以及以“小砂糖橘”为形象的 AI 连环画等二创开始涌现，共同助推热梗破圈传播。

近年来，火爆现象的发生都离不开新媒体的推波助澜，例如淄博烧烤、贵州“村超”等，传播流程一般为：非官方的普通群众发布相关视频引发热议——官方账号紧抓热点并主动设置议题，引发更多网友关注——其他媒体账号相继跟进，“精准捕捞”，并创新传播模式——普通民众发现更多爆点发布网络形成良性循环。

此次的“小砂糖橘”游学事件便是从一名网友随手拍的视频引发了漠河文旅局、广西文化和旅游厅、崇左文旅局等官方媒体的关注与回应，随后各大媒体平台纷纷报道，开启“慢直播”“短综艺”，最后网友们在关注事件过程中发出“清点人数”“南北一家亲”等词条引起新一轮讨论，再次引爆热点。

除了各方媒体的自身关注外，在小砂糖橘游学这一爆火现象中，呈现出的广西与东三省官方账号的联动也值得关注，这是官方媒体第一次在网络事件中进行大规模互动，也是推动此次事件爆火的最重要一环。

此次事件中，“南橘”“北莓”的频繁互动，让网友更加关心事件进展，在这个过程中进一步了解并加深了对广西和黑龙江这两个相距 4000 多千米，位于祖国南北两端的边境城市。同时两个城市官媒的互动，更好向双方城市及全国展示自身良好的城市形象，提高了城市知名度，打造了友好、热情好客的城市形象。

父：当今城市之间竞争的实质就是城市品牌形象的竞争。随着城市建设的日趋雷同和经济的高速发展，城市竞争力面临着下降的威胁，而城市竞争力提升重点就是通过分析、提炼、整合所属城市独特的产业优势、要素禀赋、历史文化沉淀等差异化核心要素，现在很多城市以宣传片为载体，推广城市品牌形象。

广西文化和旅游厅在 2023 年年底推出一系列旅游宣传片，宣传片的剧情、服装和画面等网感满满，与此前较为传统的宣传片截然不同，以全新的创意形式令观众耳目一新。

在城市形象的传播中，表达是需要被理解的，是一个沟通和互动的过程。广西文旅局以宣传片的方式表达和解释广西本地的美食与景色，这就是在树立属于广西的特色形象。

互联网时代之下，展示城市不应只靠“自说自话”，更应该利用好新媒体时代下的技术与用户的特点，增强互动意识和亲民感，更接地气一些，更有温度一点，就更容易破屏与出圈。

女：国外也有一些地方生活成为宣传城市形象的经验值得我们参考。
西班牙是外籍人士的天堂，外籍人士占西班牙总人口的15%。不同城市生活特质不同，如巴塞罗那以其国际化的魅力吸引着人们，而马德里则以其丰富的文化和职业机会而自豪；塞维利亚的历史文化和巴伦西亚的海岸美景独具魅力；加那利群岛和巴利阿里群岛提供田园诗般的岛屿生活。

父：西班牙是一个充满热情、富于活力的国度，素以斗牛、舞蹈、吉他名重天下。拥有悠久的历史、显贵的王室、奔放的弗拉明戈舞蹈、蜿蜒 3000 多千米的海岸线上，阳光明媚、风景绮丽，沿途遍布天然的海水浴场。
许多初来西班牙生活的外国人，都对这里的生活状态摸不着头脑，因为西班牙人的作息时间实在很特别，他们在下午 3 点吃午饭，3 点到 5 点午休，然后开始上班，直到晚上 10 点才吃晚饭。
在西班牙，如果是在春秋夏季，晚上 9 点依然艳阳高照，因此人们的作息普遍较晚，夜生活非常丰富。不管是双休还是工作日，每天夜店都爆满，每天晚上都有酒吧活动，夜店蹦迪、喝酒、聊天、玩桌游、压马路等，都是西班牙人特有的夜生活方式。

女：我在西班牙注意到这里节日非常多，感觉天天都是节日。西班牙的节日每年有差不多 200 多个，每个地区都有属于自己地方色彩的节目。其中富有民族文化特色的有狂欢节、瓦伦西亚的法雅节、圣周、塞维利亚的四月节、潘普罗那市的奔牛节、圣地亚哥节、西红柿节等。这也是西班牙能成为世界级旅游目的地的原因之一吧。

父：同时西班牙的街头生活十分精彩。西班牙人对露天环境有一种异常热忱的喜爱，街头活动有着演绎不尽的可能性。街上总是很热闹，来来往往的行人，坐在街边长凳上看书的人，嬉戏打闹的孩子，拄着拐杖出来散步的老人等。街边的一顶顶遮阳伞下坐满了人，在桌上就着咖啡、啤酒，和朋友畅聊直到夜幕降临。其实这一幕幕街景就是西班牙最大的 IP。

一座城市的魅力离不开营销助力

父：每一座城市，都需要找到自己的第一和唯一，让游客看到符号就能够第一时间联想到这座城市。就世界著名旅游地西班牙而言，除了斗牛以外，最知名的符号就是西班牙足球。

皇马是世界最著名的足球俱乐部之一，伯纳乌更是很多球迷朝圣时必去之地。每一次的主场比赛可以吸引超过 2 万人观看，一个球星转会活动都是一次巨大的引爆营销，围绕足球，西班牙还开发了面向外国游客的足球研学夏令营、皇马训练计划等产品，让足球成为游客不得不来西班牙的一大理由。

西班牙的节日，从节庆的举办主体来看，大都不是政府行为，而是由各个行业协会组织负责的，利用发达的非政府民间协会组织，实现了网状覆盖，提升了行业发展效率。在众多民俗节庆活动的催生下，每一次活动都成了旅游营销的噱头，都是吸引国际游客休闲观光的理由，成为游客的旅游目标。

不管是足球还是节日，都离不开营销的助力。因为营销把这些内容推向世界，因此西班牙被大家记住。

女：城市营销相比于商业品牌的营销对管理人员要求要更高一点，除了对城市历史、文化、美食等人文层面的理解，更重要的是对这座城市“品性”的洞察。

父：其实，很多人对一座城的最初印象，或多或少都受到城市营销的影响。如大家耳熟能详的“好客山东”“老家河南”“清新福建”等，它们散发出的新鲜感，总能立刻触动人们的兴奋点。

许多经验证明，成功的城市营销会给城市带来更多的机遇和可能。比如，早在 1977 年，纽约就用“一个 Logo 拯救一座城市”。当时，纽约城中垃圾遍布、治安堪忧，一度经济停滞。平面设计师米尔顿·格拉瑟为家乡纽约设计了“I ♥ NY”标志，用圆胖的心形代替爱，意为“我爱纽约”。此后，这个标志被印在各种商品上，一直火到现在。

女：城市营销虽是因竞争而生，但是除了吸引更多外来资源，更好地留住现有的资源（主要是主力消费人群）同样非常重要。在城市生活的每一个人都是城市营销的受众，每个城市居民与外界都有着复杂的社会联系，当一座城市的原住居民不断在社会上传播城市营销信息时，那城市营销的效果就会立竿见影。

父：城市营销的目的是获得资源，不外有三种方式，一是城市生活，二是城市投资，三是城市出口。2015 年，联合国将“包容、安全、有风险抵御能力和可持续”的城市作为 17 个新可持续发展目标之一，一个具有竞争力的城市需要表现得更有生产力、更繁荣、更可持续和更包容。

女：营销成不成功，关键看这座城市有没有吸引人的独特标志。城市营销不是“平地起高楼”，而是要借力城市独特的地理风貌、人文环境、经典地标、美食景点等 IP，转化为让人过目不忘的城市标志。就像提到故宫、长城就想到北京，提到洪崖洞、解放碑就想到重庆，提到“小蛮腰”、广式茶点就想到广州，这些都是城市的独特烙印，也是城市硬实力所在。这些内容其实就是城市本地生活，本地生活就是一个城市的品牌形象。

对于现在的城市营销而言，本质上就是找寻一个城市的有趣灵魂，发掘城市的品牌核心，然后成体系地用大众化的语言传播出去。只有这样做，城市品牌的价值和魅力才能真正得以体现，也才能对地方经济的发展起到积极带动作用。

父：一句“诗画江南、活力浙江”，就把浙江江南水乡的诗情画意和澎湃活力展现得淋漓尽致；一句“好客山东”，山东汉子质朴大气、豪爽热情的形象瞬间扑面而来。这背后，是一座城市、一个地区历经长久的文化积淀后迸发出的魅力。

城市营销并没有一套固定的“模板”，不同城市需要不同的营销方式，随着媒介技术的迭代，营销手段也时时更新。

女：是的，这是我在国内很多地方看到的“通病”。有的地方还认准“一招鲜吃遍天”的老黄历，却没认识到移动互联网时代，创新才是营销成败的关键。一些城市惯用“提炼一句城市宣传口号、拍摄一部城市宣传片、打造一座城市地标”这“三部曲”。比如，宣传片制作陷入思维定式，用一些自然和城市景观的蒙太奇剪辑，配上一个本地出身的明星旁白，再来一句大同小异的城市口号，受众甚至不用猜就能预判下一帧画面是什么。这样套路化的营销已经没有市场了。

还有的地方没有找准品牌定位，口号隔几年就换一个，打不出辨识度。品牌是一个城市留给外界的第一印象，频繁变换只会得不偿失。一些城市，换一任领导就换一句城市宣传语，包括城市定位和城市品牌，甚至是为了改变而改变，不仅前期的营销投入都付诸东流，还难以给人留下深刻记忆。

父：营销是一个整体推广的概念，是一项系统工程。找准城市发展定位、掌握城市核心资源、顺应传播发展趋势、运用出色营销手段，这一套组合拳缺一不可，需要统筹兼顾、系统谋划、整体推进。

女：综观世界知名城市，都是把城市营销建立在城市特色文化基础上的。人们一提到“时装之都”，就想到巴黎；一提到“音乐之都”，就想到维也纳；一提到“水上之都”，就想到威尼斯……从地域文化土壤里生长出的城市 IP，才更具感染力和吸引力，才能让城市变为投资热土、旅游胜地。

父：城市营销关键在于制造新鲜感，别出心裁的创意点子往往能带来意想不到的效果。一首歌、一本书、一部电影都可能带火一座城。一部《非诚勿扰》电影，让原本名不见经传的西溪湿地成为邂逅爱情的胜地；一首《早安隆回》歌曲，成功解锁了隆回县“出圈”的流量密码；2023 年年初热播的电视剧《狂飙》，更是带火了主要取

景地广东江门。精品佳作塑造城市“符号”和“标签”的成功案例比比皆是。

女：最关键的还得抓住平台渠道这一城市营销的流量入口。谁掌握了平台渠道，谁就掌握了营销的话语权，就掌握了城市走红的流量密码。一座城市的爆红，除了自身的独特资源外，更重要的是在营销过程中契合了互联网传播规律，实现了裂变式传播。

比如，西安的“摔碗酒”曾在抖音上广泛传播，吸引了游客“打飞的”前来体验，最多时日摔 2 万个碗。近段时间，各地文旅局长也“花式内卷”，借助抖音、小红书、快手等平台捕捉受众眼球、吸引游客前往游玩，让城市“走出深闺为人识”。

“网红城市”的出现很大程度上是由于旅游者通过社交媒体进行旅游经历和体验的分享，其他用户在网络空间针对旅游信息进行点赞、评论、模仿等有效互动，增加了与旅游目的地相关的话题热度。网络空间的良性互动潜移默化地影响用户的旅游意愿。

父：过去的老“网红城市”也开始了新的营销手段，如 2023 年国庆中秋双节期间，杭州共接待了 1300 万游客，涉旅消费 193.289 亿元，挣的钱比 2019 年同期还要高出 16%。游客在杭州人均待的时间超过 3 天（3.3 天），比往年翻了一倍。

当时杭州几乎把亚运会办成了一场全城狂欢，场内场外，热闹非凡。这中间固然有移动新媒体普及带来的传播扩散的因素，但关键还是

和杭州费心卖力的城市营销分不开。

女：对新一线城市来说，PR 也是生产力，并且它们已经从城市营销中获得了切实好处。

父：其实热衷城市营销的不只有新一线城市，广大三、四线城市的心情更为急迫。这两年，从淄博到贵州榕江，从石家庄到哈尔滨，都希望通过举办活动、营销美食来包装自己，实现城运翻盘。

女：我认为一方面，城市应该"主动出击"，联合公域和私域流量，结合自身特质并洞察游客需求来打造"网红爆点"，邀请知名人士和 KOL 宣传推广，依托实时互动、热点推送等媒体平台机制实现裂变化传播和推广，自主创造网络流量；另一方面，要善于"趁势而为"，当"媒体出圈"时，有关部门要第一时间抓住流量契机，采取针对性举措，如开设"慢直播、慢综艺"。进一步拓展网红原始要素使其形成稳定 IP 的同时，也应发挥主流媒体引领作用，利用媒介间议程设置，善用媒体矩阵实现积极宣传效果。

父：在城市传播中，城市本身作为一种特定的情感媒介，以具体的符号表现出城市独有的形象，一个城市的特色是不可复制和无可取代的，是与其他城市相区别的核心标志，例如黑龙江的冬天、广西的水果都是各自的城市特点，但通过新媒体平台的加工和传播，能塑造出更具有情感价值的符号，即"南方小土豆""小砂糖橘"，

同时塑造了广大受众对特定城市特有的集体记忆。
多主体互动使得网络传播内容、旅游过程体验等多方面变得更加丰富和立体，并有助于主体之间产生正向的情感共鸣和联结，南橘北莓的互动，新媒体平台上政府和民间的喊话，加深了南北之间的情感联结，也使得南北形象更加立体。
在新媒体时代的背景下，城市品牌宣传不应只局限于已有的景观和历史文化，可以运用新媒体平台与游客多交流，增强主客互动，用“情”对话，推动群体间情感渲染并形成情感共鸣。
例如，哈尔滨政府极其关注游客朋友在各大新媒体平台上的旅游体验反馈，及时整改，加强与游客互动，既有利于激发游客出游动机，提升游客体验价值和满意度，也有助于在城市品牌形象塑造中抢占先机。

女：具体来说，城市营销可以是品牌跨界，对于更多大品牌的城市营销，例如，耐克、MINI、饿了么这些大众品牌，当它们跨界一座城市时，通常是将城市看作另一个品牌，借势城市的气质与情绪，塑造自身品牌的形象。可以是圈层营销，如果将城市看作圈层，那么品牌做的就是基于一座城市的精准营销。
其实可以参考打车与外卖崛起时的营销战役，几乎都是一个城市、一个城市地地推，服务进入一座城市，就是做基于这座城市的圈层营销，例如，在城市地标做线下快闪，或者其他与城市融合的装置，等等。
除了这些，城市也可以选择局部的、小范围内的传播。这一类营销，预算相对可控，传播范围与用户比较聚焦，营销内容与用户的关联度也会更紧密，转化效率相对更高。这也是本地生活最容易突破的点，通过辐射周边区域，精准到细分客群，从小众到大众，更容易成功。

父：中国的每一座城市，资源禀赋各有差异、千姿百态。城市营销，比的不是谁的基础条件更好，而是谁更能唤醒城市“沉睡”的资源，推广出去、打出名声。城市营销越来越成为城市发展这盘大棋的“关键落子”。

案例链接：杭州亚运营销

为期15天的杭州亚运会，于2023年10月8日晚落幕。亚奥理事会代理总干事维诺德·库马尔·帝瓦里盛赞杭州举办了史上最好的一届亚运会，亚奥理事会终身名誉副主席魏纪中更是给它打出了“99分”的评分。

杭州亚运会开幕式当晚，领舞演员李倩一曲国风舞蹈，直接连人带裙子“水天碧”美上了热搜；AI数字人从夜空中奔跑而来，在观众新奇的目光中点亮本届亚运火炬。文化感、科技感十足的晚会背后，是主创们对当代人生活及审美需求的深刻洞察。从虚拟烟花到数字火炬手，从开闭幕式上的极致东方美学到赛事前后的各种BGM，从20元一位的美食盛宴到运动员的全城扫货，亚运会帮助杭州狠狠地在世界面前露了一把脸，其国际影响甚至超过了只有领导人出席的2016年G20峰会。

微博官方数据显示，亚运期间全网共有1.13亿次讨论，2680亿次阅读，互动量达5.72亿，累计1875个亚运热搜上榜。亚运开幕前后是信息爆发的高峰期，赛时关注度会在重点赛事及焦点运动员的比赛日激增。这符合关键之道长期对体育赛事的热点观察：把握赛时传播热点能够帮助品牌在借势传播时事半功倍。

“年轻化”是网友评价杭州的关键词，在本届亚运会的赛事更新上有所体现。作为首次登上亚运赛场的电竞比赛和霹雳舞项目，近年来逐渐从小众转为大众，掀起一阵阵浪潮。

本次亚运会最受Z世代观众关注的是电子竞技被正式列为比赛项目，为传统体育赛事道路增添了新的血液与亮点。中国在2022年已成为全球最大的电竞市场，电子竞技项目在杭州亚运会的首次亮相，不仅贴合愈加国际化与年轻化的用户喜好，为赛事、品牌、城市创造更多话题流量，还肩负起了文化自强与自信的重任，为“电竞出海”与带动行业整体水平提供助力。

本土办赛既是机遇也是挑战。杭州作为拥有巨大势能的IP城市，如何在亚运节点上演绎杭州文化内核、讲好中国故事成为赛事的重点。杭州亚运会不论是场馆建设还是赛事服务，都在文化、科技、体育元素的加持下实现了美学性、创造性以及智能性的融合，从而做到亮文化之灿烂、树科技之标杆、抒体育之欢畅。

中国移动打造一系列“5G+亚运”标杆，助力杭州亚运全面数智化。此外，中国移动还运用元宇宙技术，衔接现实与虚拟的精彩体验，在“亚运元宇宙”中，用户可以在虚拟空间游览杭州美景、与亚运吉祥物互动、数智骑行等，开拓观赛新体验。与此同时，亚运会为文化赋予了数字生命力，AI智能篆刻、亚运会火炬NFT、5G云锦书等创新别开生面，以传统艺术演绎文化与竞技精神，使亚运会更具人文情怀与深度，打动人心。

杭州以亚运为“新窗口”，彰显了杭城的形象和魅力、科技创新赋能高质量发展的底气、全民东道主的生活底色。这不仅有助于在国际上强化中国城市的形象，争取更多认同和共识，而且为国家形象传播打开了局面。

课堂金句

1. 一千个平庸景点的传播价值也抵不过一个优质 IP。
2. 每一座城市，都需要找到自己的第一和唯一。
3. 从地域文化土壤里生长出的城市 IP，更具感染力和吸引力。

第九堂课　治理

对于一座城市，你所喜欢的不在于七个或是七十个奇景，而在于她对你提的问题所给予的回复。

——卡尔维诺《看不见的城市》

课前提要：“景区城市”是未来城市治理一大趋势，它的核心是政府治理模式逐渐从管理角色转变为服务角色，为人民服务是其主要治理宗旨，最终形成“产 + 城 + 人 + 景 + 文”有机融合发展的一个有机体。

对谈场景：上海愚园路

愚园路是上海市静安区一条历史悠久的老街，旧式洋房和新式里弄交错，从江苏路至定西路段，是区域“城市更新”项目的主打地段，看似短短 830 米却富有“网红”特质。作为一个追随潮流永不掉队的年轻人，愚园路自然是不能错过的好去处。

“生活美学跨界融合……这里是小马路，这里是大上海”熙律 STUDIO 主唱汤木摇曳着身姿，今天愚园路正举办一场时尚市集，从具有地方特色的风味美食，到网红咖啡甜点、露地怪物冰屋……堪称一场国际食肆大赏。

在一片热闹氛围中，我们今天谈话主题聚焦城市“治理”。

城市治理理念从单纯管理到服务人民

女：老爸，毕业后您知道我想去哪里吗？

父：你嘛，无非回来啃老呗。

女：太小看您女儿了，好歹是您生的，我得为您争口气呀！

父：呦，我家囡囡长大了呀，所以你的理想生活是什么？

女：我要找个四季分明、气候适宜的沿海城市，吹着海风，静静看着游船慢进慢出，人来人往，快乐油然而生，这就是我想要的生活。

父：哈哈，你说的不就是上海嘛。2023 年上海发布了《上海青年发展型城市建设“五大服务计划”行动方案》，指出打造青年人的希望之城，提升城市治理帮助青年创新、就业、宜居、健康、婚恋，现在城市治理方向都是为了满足你们青年人的理想生活。

女：我们年轻人的力量逐渐显现，城市治理也从管理型政府到服务型政府转变。无论是“进淄赶烤”还是“你好尔滨”，所体现的都是政府在城市管理方面的理念转变。我理解无非三个共同点。

首先，城市政府强化了服务意识。政府认识到城市管理的目的是更好地服务市民，因此在城市管理中将服务意识作为核心，全面贯彻“以人为本”的管理理念。政府将目光聚焦于市民的需求和利益，不断改进服务，提高质量。

其次，城市政府加强了社会共治。政府与市民、社区居委会、物业公司等建立有效的沟通渠道，让市民参与城市管理的过程中，共同解决问题，推动城市管理的升级。

最后，城市政府注重科技创新。政府在城市管理中运用现代化科技手段，如互联网、大数据、人工智能等，提高城市管理的效率，并且利用科技手段发现和解决问题，推动城市管理的现代化。

父：还有很多具体措施也在说明城市治理理念的转型升级，例如，河南信阳“拆墙透绿”行动曾被官媒点赞，一是表达开放，二是体现文明，城市需要在文明中共建，只有政府和百姓的距离拉近了，才能说明城市管理的文明化、人性化，三是体现共享，共享城市发展，共享绿色，政府机构拆掉围墙背后，拆掉的也是人们心中的墙，城市是大家的，政府机构也是为民、亲民的。

城市治理模式从局部分包到全域覆盖

父：城市治理初期出现过分包管理模式，以政府作为城市管理活动的唯一主体，以权力控制、行政命令、制度约束作为主要手段。

政府通常采取分包原则，将城市管理中的基础设施管理、环卫等工作分包到各部门、人员手中。由于各个部门权限和职能有限，且部门与部门之间缺乏交流，政府部门、行业、企业间存在数据割裂，城市管理模式缺乏顶层统筹规划[1]。

在城市服务方面，侧重于行政命令和制度约束的方式，城市可持续发展能力低、不能有效地提供公共产品和服务，公共管理成本过高，社会资源未能达到最高效利用效果，难以形成整体协同效应。

女：随着城市化进程的不断推进，城市治理也不再是狭义的基础设施管理、城市建设、行政服务等，城市治理模式不断发展和变革，有学者认为城市治理模式开始从“物业城市”模式向“景区城市”模式转变。

“物业城市”模式是以物业管理为主要手段的城市管理模式，把城市看作一个“大物业”，将物业管理的系统性思维和流程管理能力融入城市治理服务。

城市空间被划分为不同区域，每个区域都由专门的物业公司进行管理和维护，引入社会各大专业团队，交由社会力

1《城市管理模式的发展与案例》，城市怎么办，http://www.urbanchina.org/content/content_8612433.html，2023年9月4日。

量进行服务运营，对城市公共空间与公共资源、公共项目进行全流程“管理 + 服务 + 运营”的政府、市场、社会多元主体协同治理模式。

这种模式的优点在于通过构建新型的多元协同治理体系，打造“政企协同”的城市治理创新模式，实现城市的高效运行和管理，降低政府人力资源投入、提升政务服务质量，从而达到提高城市居民的生活品质、强化城市管理质量、精准专业化治理城市的理想效果。

例如深圳的福田区沙头街道开展“物业城市”全域治理模式，街道化身“大型小区”，管理小区的物业则升格为“城市管家”，共同对街道环卫、市政、城中村管理等各项工作进行监管赋能。同时，将网格化、精细化的物业管理模式引入水环境管理领域，在全国首创“物业管理进河道”的新模式，有效改善深圳水污染的环境问题。

父：那相比“景区城市”会有什么样的提升呢？

女：“景区城市”是未来城市服务的一大趋势，它是通过将城市按照景区打造的手段，构筑“产 + 城 + 人 + 景 + 文”的有机融合发展共同体，形成一个有机整体，实现产居游一体化发展模式。

注重将城市打造成为具有独特魅力和吸引力的景区，实现城市与文旅的深度融合，城区与景区的深度交织。在城市规划和建设过程中，用“文旅”理念规划城市，用景区标准经营城市，充分考虑自然景观、文化遗产、历史建筑等方面的保护利用与宣传建设，使得城市本身成为一个吸引人的景点。

同时，景区城市还要注重文化传承和创新。保护和传承当地的历史文化，浓厚的历史氛围和文化传统提升城市故事感和游客体验感。鼓励文化创新，推动文化产业的繁荣发展，为游客提供更多的文化体验和消费选择。将产业发展与城市建设紧密结合起来，以旅游业发展带动相关产业繁荣，延长产业链条，促进城市经济多元化发展与持续性增长。

父：城市治理模式从“分包管理”到“物业城市”，再到“景区城市”的创新，不单单改变了城市物质面貌，也改变了百姓对城市的理解和期待。

女：是的，“景区城市”更能让城市因历史而美丽，重视城市的人文生活和社会价值。一方面，促进城市可持续发展和多元化发展，保持城市的持续吸引力；另一方面，提升城市的国际知名度和影响力，通过开展国际交流和合作、推广城市的品牌和讲好城市故事等方式来提升城市的国际形象和吸引力。

案例链接：迪士尼的“景区城市”发展路径

江湖上有个传说，迪士尼一直采用“三三制原则”，每年更新1/3、保留1/3、淘汰1/3的游乐设备，因此诞生了“永远建不完的迪士尼”，游客的重游率达到了50%以上。这启示我们，面对从“景”上添花到以“城”相待的新趋势，也要打造“永远逛不完”

的城市。

迪士尼“永远逛不完”的发展路径，给“景区城市”建设提供了三点经验借鉴[2]。

一是要做好“变”的文章。首要涉及思路的调整、理念的更新。时至今日，游客到一个地方，不只是看传统认识上的景点，有形的大街小巷、社区空间，无形的历史、文化、风俗，都可以成为“桥上的风景”。如果仍然保有“门票经济”的惯性，仍然拘泥于“抓旅游就是抓景点”的点状思维，仍然固守于“把城区仅当作景区服务配套”的做法，就可能束缚自己的手脚、压缩发展的空间，在新一轮竞争中落后于人。要坚持“大旅游”理念，把整座城市作为一个大景区建设和经营，实现抱团发展、协同发展，努力擘画“城在景中，景在城中”的融合发展蓝图。

二是要做好“特”的文章。对一个景区来说，特色是其安身立命之本。然而，我们的城市素有“千城一面”的诟病，一样的钢铁森林，一样的玻璃幕墙，如何体现特色？

城市特色在文化，而文化体现在细节。细节到位，城市的特色也就出来了。这细节，可以是小巷一拐的一处清幽之地，可以是街角一家别具一格的书店，还可以是旧城区一幕最寻常不过的市井生活。凸显城市特色，一方面要深挖城市的文化内涵和地域特点，推进城市“微更新”，充分展现城市的历史人文蕴含；另一方面要敏锐捕捉年轻一代旅行者的“感觉”，努力找到城市与旅游者彼此匹配的“标签”，拥有穿楼而过轻轨、720° 旋转立交桥的“魔幻”重庆就是典型案例。

2《从“城市景区”到“景区城市”有多远？不妨从迪士尼的“333”里找答案》，江东观潮，腾讯网，https://new.qq.com/rain/a/20200329A0HX2000，2020 年 3 月 29 日。

三是要做好“新”的文章。空间上，可把城市景区串珠成链、连线成片；时间上，可大力发展夜间经济，把夜游、夜食、夜购、夜娱加以充分整合；季节上，可打造类似春季踏青赏花、夏季纳凉避暑、秋季登山探幽、冬季汤泉滑雪的全季套餐。此外，既然整个城市都是景区，那人人都可以是导游。我们可以让历史学家讲述城市典故，让诗人画家描述山水画卷，让摄影家带着游客拍摄四季美景，让烹饪大师与游客一道品尝舌尖美味。

城市的“美”让生活其间的人来描摹，文化的“异”让懂得文化的人来诉说，我们就有讲不完的城市故事，看不尽的城市美景。

城市治理主体从政府主导到全民参与

女：提升城市治理能力的关键，不是重复开展一次或若干次“创文”“创卫”这样的目标行动或活动，而在于如何让治理决策做到统筹科学。

一个好的城市治理体系，一定是包括政府部门和市民等社会力量在内的多元共治的协商、对话、妥协的互动系统。

父：改革开放以来，以政府为主体的城市治理体系在维护城市秩序、推动城市建设等方面发挥了显著的效率优势。但随着实践的发展，这样以“市长”为代表的过度集中的城市治理模式，也带来了决策不科学、效率至上以及“城市病”等诸多弊端。

城市治理主体的过度集中单一，一方面容易导致城市发展建设决策机制失衡，另一方面，还容易导致城市治理的统筹和效能难题。市民等社会力量的有效参与，恰恰是当下中国城市治理的短板。

女：西安市曾经以电视直播互动方式开展一个“问政时刻”活动，由市政府邀请市民参与，主要聚焦房屋和房地产市场管理，让群众为城市治理问诊把脉，由群众监督政府把工作做扎实，让人民对城市治理更满意。

随着技术的发展，如今更多城市通过数字化手段赋能全民参与城市治理。数字社会背景下，数字技术为有效汇聚利用市民智慧和力量提供了新的解决方案，助力延伸城市治理“触角”，解决以前“看不见、听不着、摸不到”的城市问题，促进全民参与城市治理。

例如，在北京“亚洲最大的社区”回龙观、天通苑地区，为了解决职住失衡、交通拥堵、公共服务严重滞后等问题，昌平区委区政府与市经济和信息化局成立了联合工作组，市区两级协同推进回龙观、天通苑地区城市大脑应用试点工作。

在基层治理方面，实现“一屏揽全局”的整体态势感知，“多端联动”协同打通接诉即办与吹哨报到；在交通出行方面，集中在“自我调节”的交通疏堵，“错时守时”的共享停车，“柔性供给”的共享单车；“绿色积分打卡”驱动垃圾分类共治，“精细化人口分析”的群租房治理，空间落位快速实现“房屋码”人口闭环管理为主[3]。这套组合拳取得了显著的成效。

父：发达国家也有公民参与城市治理的案例，值得我们学习借鉴。例如，在新加坡，非常注重发挥公民参与管理的作用。

新加坡城市管理的主要负责机构——市镇理事会，把居民、城市管理中的承包商、基层领袖和政府部门都看作自己的合作伙伴，始终保持着有效的沟通。

市镇理事会定期与建屋局、环境发展部等相关的政府部门举行会谈，通过宣传海报、布条、教育手册以及主办大型活动来教育居民，同

3《数字化基层治理研究报告和典型案例集发布，17个优秀案例等你来学习》，澎湃新闻·澎湃号·政务，https://www.thepaper.cn/newsDetail_forward_19681614，2022年8月30日。

时还通过与基层领袖的定期会面以了解居民的问题和需求。

此外，市镇理事会还定期与建筑、清洁和维修承包商会面，特别是重视与最基层的清洁员工进行定期交流[4]。

女：在城市治理过程中，居民、企业家、社区组织的参与对形成城市多元共治的局面至关重要。广泛而真实有效的公众参与可以协调利益冲突，沟通政府与居民，获得居民的支持和理解，从决策层角度来说也更加科学合理。对比国外的成功经验，国内许多城市在公众参与机制方面仍有很大的提升潜力。

4《发达国家的城市治理范式——国外城市治理经验研究之三》，中国发展观察，http://xinhuanet.com/politics/2015-04/28/c_127742911_4.htm，2015 年 4 月 28 日。

城市治理范式从传统思维到智慧应用

女：城市治理智慧化已经成为我国城镇化快速推进过程中的一项创新性课题。近年来，国家陆续出台了一系列关于社会治理方面的政策文件，从信息技术应用、新型城镇化、城乡社区治理等不同层面提出了具体实施方案，全面贯彻社会治理先进理念，支持体制机制创新，积极推进社会治理现代化建设。

此外，新一代信息技术快速发展为推动城市治理智慧化提供了有力支撑。加快提升城市治理智慧化水平已成为城市转型升级的核心任务。城市治理能力已成为信息时代衡量城市综合竞争力的重要体现。

父：新一代信息技术快速发展为推动城市治理智慧化提供了有力支撑。在信息时代，城市治理能力与传统的城市管理有何不同呢？

女：新一代信息技术颠覆式创新应用，不断打破时间和空间上的限制，促进城市治理理念、治理内容、治理方式的变革。城市治理能力已成为信息时代衡量城市综合竞争力的重要体现。

当今世界，以“互联网 +”为核心的运行体系正在重构社会生产生活方式，不断打破物理世界在时间和空间上的限制，推动人类活动空间从物理世界快速向虚拟空间延伸。
总体来看，我国城市治理智慧化水平还不太高，且各地发展水平差异大。从全国来看，仍处于治理智慧化体系构建发展阶段，按照我国城市治理智慧化体系构建阶段的等级划分，排在前三名的城市也属于治理智慧化的推动者。
有学者通过对华中、华北、华南、西北、东北、西南、华东七个区域城市治理智慧化得分情况进行统计分析，发现总体呈现东部发达地区走在前列，中西部地区相对落后一些的现状。整体来看，区域间城市治理水平还存在一定差距，主要是由于各城市发展理念、经济水平、信息基础设施建设等参差不齐，导致各区域城市治理智慧化水平呈现高低不均状态。

父：你对我国的城市治理智慧化有哪些政策建议呢？

女：我认为第一是要积极落实推进国家治理体系和治理能力现代化战略，加强制度设计，加快城市管理体制改革，成立城市治理协调指挥与运营管理机构，形成一体化的城市治理网络与运行体系。
第二是要加大统筹布局与体系化推进力度。提升战略定位，加强统筹布局，明确实施路径，循序渐进推进，多管齐下，体系化推进。
第三是要继续拓展“互联网 + 城市服务”体系。全面落实“互联网 + 政务服务”政策，提升政务服务水平，建立线上线下一体化政务服务平台。充分拓展“互联网 + 城市服务”渠道，支持企业开发大数据在城市治理方面的应用。

第四是要加强信息资源开发利用水平。加强虚拟空间管理，加快制定出台虚拟空间管理的相关法律法规，建立网络信用体系。

第五是要进一步提升城市治理的社会参与度，全面推进城市治理智慧化体系建设。利用“互联网 + 民生服务”重点工程建设机遇，建立专家和市民代表意见机制，推动城市治理由“动员型”参与转变为“自觉型”参与。

父：说得不错，城市治理涵盖的内容非常复杂，城市治理智慧化既无现成方法经验可循，也无规范的评价标准。未来的城市治理之路还需要更多你们这样的年轻人参与进来，推动城市管理向城市治理方向转变。

课堂金句

1. 一个好的城市治理体系，一定是包括政府部门和市民等社会力量在内的多元共治的协商、对话、妥协的互动系统。
2. 城市需要在文明中共建，只有政府和百姓的距离拉近了，才能说明城市管理的文明化、人性化。

第十堂课　未来

乐者，天地之和也；礼者，天地之序也。和，故百物皆化。

——《礼记·乐记》

课前提要：旅游作为民间外交的一种手段，里面蕴含着丰富多样的文化元素，是实现双向交流过程中的有力抓手。它既是宣传自身，吸引世界走进中国的通俗渠道，也是强大自身话语权，让中国走向世界的有效途径。

对谈场景：上海新天地

新天地对上海来说是个很特殊的地方，是中西文化的融合，也是历史和未来的见证。新天地以上海近代建筑的标志石库门建筑旧区为基础，首次改变了石库门原有的居住功能，创新地赋予其商业经营功能，把这片反映了上海历史和文化的老房子改造成了集餐饮、购物、演艺等功能于一体的时尚休闲中心。

漫步新天地，仿佛时光倒流，重回当年。那红青相间的清水砖墙，厚重的乌漆大门以及雕着巴洛克风格卷涡状山花的门楣，有如置身于20世纪二三十年代的上海，但跨进每个建筑内部，又极其现代时尚，亲身体会新天地独特理念，这有机组合与错落有致地巧妙安排形成了一首沉稳而有活力的上海交响乐，这是十堂课收官的绝佳之处。

民族的，就是世界的

父：做城市的国际传播二十多年，我越来越发现鲁迅说的“只有民族的，才是世界的”这句话很有道理。

女：老爸，我十分不认同你这句话。首先据我了解，鲁迅并没有说过这句话，而且我在国外待的这些年，发现那些老外对中国的认知无外乎中餐、中医药、中国功夫这些标志性符号，极其有限，所以只有是民族最优秀的才有可能成为世界的。

父：没错没错，应该加个前提条件，只有强大的才是世界的。

女：就好像一座城，只有那些强大的、鲜活的城市才能被世界熟知。美国城市规划学者简·雅各布斯曾说：“设计一个梦幻的城市很容易，建造一个活生生的城市则煞费思量。”我们因为小龙虾好吃而选择长沙，因为熊猫可爱而前往成都，因为气候宜人而定居厦门……城市需要更新和互动，人与人、人与建筑之间只有达到交相辉映的景象，才能连接起世界与民族的关联度，我觉得新天地就具备这种连接性。

父：是的，新天地定位是跨越文化和国界的时尚交流地，这也使得它明确了自身的目标消费群体——城市年轻中产阶级、外籍人士以及中外游客。通过不断招商调整，完善商品的细化，提升了经营效益，最终成为全国时尚消费的“标杆”。不仅吸引了上海的小资群体和居住于上海的外籍人士，还吸引了世界的时尚消费群体。

当时上海还没有一个地方能够将餐饮、娱乐、购物、旅游和文化这些元素完美融合一起，新天地应运而生。新天地模式是以保护为主，新建为辅的商业性开发模式，这是第一次对里弄活化的探索。

今天新天地在全世界都有很大影响力，它成为哈佛大学、上海复旦大学、同济大学、交通大学 MBA 课的教学案例。

女：如果说，活动上升到文化是体验的升级，那么文化上升到产业则是高质量发展的蝶变。新天地也是上海产业和文化结合的代表，老爸您怎么看这种传统和现代发展的结合？

父：中华传统文化在世界上具有很高辨识度，北欧现代设计鼻祖伊利尔·沙里宁曾说：“让我看看你的城市，我就能说出这个城市居民在文化上追求的是什么。”

拿浙江宋韵文化举例，2021 年 8 月 31 日，浙江省委召开高规格文化工作会议，提出实施“宋韵文化传世工程”，立志打造一张文化金名片。

宁波是唐宋时期区域经济社会发展转型典范地，“发布浙江首张宋韵文化手绘地图、打造首个宋韵文化主题 3D Mapping 秀、撰写制作《甬上寻宋》系列通俗读物”等创新形式推进宋韵文化转化，将“风雅处处是平常”宋代生活方式融入本地居民生活，凝结成当地人对故乡的独特记忆符号，这个做法就很好地将传统文化现代化利用传承了下来。

女：现在有个概念叫“新文创产品”，老爸你听过没？指的是将传统文化元素与现代创意相结合，创造出既有传统文化底蕴，又具有现代时尚感的产品和服务。这种跨界融合，不仅让传统文化焕发出新的生命力，更让年青一代享受现代生活同时，深入了解和体验传统文化。

“新文创”产品的成功，不仅在于它让传统文化重新焕发生机，更在于它为传统文化的传承和保护开辟了一条新路。传统的文化传承方式往往受到时间、空间和形式的限制，而“新文创产品”则打破了这些限制，使传统文化能够在现代社会中得到更广泛的传播与认可。

父：当今世界，各种思潮相互激荡，各种观念相互碰撞。传统与时尚、本土与异域两种文化的博弈，是在相互碰撞、相互吸收与更新中融合发展的。

朝珠耳机、故宫日历、微服私访行李牌这些来自“网红”故宫博物院的文创产品创意十足又接地气，在年轻人群体中极为风靡，让传统文化走出字里行间，借助具体文创产品“活起来”。

女：是的，这些“新文创”将传统文化元素广泛应用于现代产品设计、包装、广告等领域，成为新的经济增长点，不仅提升了国家文化软实力，也为社会经济的发展做出了贡献。

总的来说，“新文创”产业是传统文化与现代社会的完美结合，它让传统文化在现代社会中重新焕发生机和活力。通过新文创产品和服务，更多人得以深入了解和体验传统文化的魅力，从而增强对传统文化的认同感和尊重。未来，随着“新文创”产业的进一步发展，我们有理由相信，传统文化将在现代社会中绽放出更加绚丽的光彩。

近几年在我身边开始流行各种传统文化，其中汉服作为中华传统服饰的代表，正逐渐走进当代时尚的视野。最典型的如西塘古镇的汉服文化节活动，自 2013 年成功举办首届中国西塘汉服文化周以来，西塘已经连续举办了十一届汉服文化周，每年都是人山人海，全国各地的汉服爱好者都会前来参加。“穿汉服、游西塘”已成为汉服文化与传统文化爱好者的共识。

父：汉服这类的非遗文化是一个彰显文化自觉历程的概念，表明特殊样式的文化已经完成了权利主张、价值评估、社会命名的程序而成为公共文化。

近年来，“非遗”慢慢嵌入我们的语言，已经纳入国家的议事日程。“非遗”在我国的身份完成了从“草根文化”到国家“文化象征”的转变，并且被赋予“民族文化基因”的意义。民族民间文化被命名为“非遗”的程序就是一种公共文化的产生机制。

民族艺术中那些具有人类普遍特征与共性，能追求生活真善美，能给人类心灵世界带来愉悦与崇高的审美感觉的艺术才是真正属于世界的，这样的艺术作品才能得到世界认可。

女：我相信越是民族优秀的，符合人类共性的、真善美的，才越是世界的，这是“越是民族的越是世界的”存在的前提。“民族性”与“世界性”的观点很大程度上是“个性”与“共性”的关系。

如今，文化之间也不免会碰撞交融，这就要求我们兼收并蓄、去其糟粕取其精华，该坚持时能够坚持初心，才是值得提倡的正确做法。

民族的并非故步自封，它更具有面向世界的包容性与融合性。著名音乐人谭维维和华阴老腔组合震撼全球。华阴老腔在点燃更多人耳膜时充分说明，文化遗产只有以创意为基石，才能得到有效利用与广泛的传承，并实现可持续发展。比如恩施来凤的土家族摆手舞，就是将土家族的一种生活方式变成民族的代表元素，从而成为非遗与本地生活结合的典范。

父：2022 年 11 月 29 日，“中国传统制茶技艺及其相关习俗”被列入联合国教科文组织《世界人类非物质文化遗产代表作名录》，我国成为目前列入联合国教科文组织非物质文化遗产名录、名册数量最多的国家。

近年来，在国际交流传播中，中国非遗文化展现出非凡的魅力和生命力，无论是沁人心脾的中国茶、高山流水的古琴，还是龙飞凤舞的书法，多种多样的非遗文化都是中华优秀传统文化的重要组成部分，是中华文明绵延传承的生动见证。

产业与生活两手都要抓

女：老爸，上海的海派文化讲究“海纳百川，兼容并蓄”，既容纳江南文化的古典与雅致，又有国际大都市的现代与时尚。上海人的生活方式也一直被全国各地网友议论，我想这应该就是一座城市最理想的发展方式吧，既有支柱产业，也有本地生活。

父：常有人说，任何人来上海，待了两年都觉得自己是上海人。在这座中国最具魔幻色彩的都市里，不管是本地人还是外地人，不管是什么原因留在上海，多数人很真实地活着。并且在上海这座城市的很多地方，你都能窥探到独特的本地生活。

比如乔家路，原名乔家浜，本来是条河浜。明代的抗倭将领乔镗之子乔木带领家族从川沙迁徙至此。到了万历年间，乔氏家族在河两旁建了不少院子，因其影响力和显赫背景，乔氏家族聚居的地方就叫作乔家浜。1914 年填河筑路时，这条河滨就成了乔家路，现在依然留有许多老建筑。500 多米长的狭窄道路仿佛时光停滞，保留了大量明清至民国时期的街区格局和建筑，居民们还维持着传统的居住生活形态，这里是我眼里真正的老上海。

女：一座城市，首先要有支持城市发展的王牌产业，在此之下，才能维持好本地生活，再通过经济发展吸引更多人来到这里，并因为本地特色生活留下来。

父：你说得对，最近几年频繁出现各种网红城市，每个城市爆火的方式也有所不同。

1.0 时代以自然风景闻名的城市，如丽江、大理，吸引年轻人寻找田园生活；2.0 时代出圈的是人工城市景观，典型代表是重庆、成都、西安等城市，这些城市将特色景点与图文、视频发布在社交平台上实现爆火，打造专属的城市 IP；3.0 时代“吃喝玩乐”是关键词，如长沙的“超级文和友”备受关注；4.0 时代是“产业时代”，靠“消费性服务业”火热的淄博是典型代表。将烟火气的地方饮食、生活场景与当代年轻人的关注点相关联，在社交媒体催化下走红。

在当前社会背景之下，消费成为社会生活和生产的主导动力和目标。民众关注价格的同时也更加注重商品的符号价值，追求商品消费的意义。

恰如西安各大著名景点所推出的文创冰激凌被游客一抢而空以及“来西安不穿汉服拍照＝白来”等现象，从这个层面来说，商品背后的符号意义成为游客消费的特殊所在，比起花费高昂费用，他们更加关注该城市的网红打卡点，这也是此前西安因“盛唐密盒”再度爆火、人流量急剧攀升的原因之一。

女：我认为每一座城市都有其自身独特的魅力，可能它是一座古都，可能它是充满科技感的未来城市，也可能它是历史与现代并存的城市，它们在历史长河的积淀中都会形成属于自己的文化底蕴。

父：将本地生活培育成世界案例，未来更多的还是要提高城市的治理能力，坚持人民城市人民建，按照全过程人民民主的原则和精神来治理城市，是从根本上保证人民城市本质属性和城市发展正确方向的基本遵循。

在城市治理中，不断丰富公众参与的渠道和形式，是“以人民为中心”的发展思想的重要体现，也是推进“共建、共治、共享”的现代化治理格局形成的重要路径。

早期的城市治理一向注重自然主义和人文主义的传统，但唯有通过塑造良好的公民和良善的社会生活，才能从根本上保证经济的持续发展和财富的持续增长。

我们通常强调的诸如努力提高城市治理水平之类的问题，并不能简单地理解为城市政府如何治理城市，而应理解为如何以政府与社会的良好合作来提升城市的治理水平和成效。新加坡的治理经验就值得我国城市借鉴。

2020 年，联合国教科文组织（UNESCO）非物质文化遗产委员会通过决议，将新加坡小贩文化列入联合国教科文组织《世界人类非物质文化遗产代表名录》中。这对于保护新加坡独特的饮食文化具有重要意义，另外也展现了新加坡这一现代化国家城市治理的一面。

新加坡的小贩文化最早起源于中国晚清时期移民华人的“贩夫走卒”，当时是底层人民群众谋求生计的重要方式。20 世纪 90 年代后期，随着新加坡组屋的兴起，政府开始改建小贩中心，改善经营环境。时至今日，虽然新加坡许多现代化的购物中心内早已建成了美食广场，而且安装有凉爽的空调系统，较室外的小贩中心更为干净舒适，但是小贩中心仍然人头攒动，食客络绎不绝。

小贩文化已成为新加坡人生活的一部分，申遗成功后更是成为新加坡的一张名片，这有助于培养和加强新加坡国民的认同感和归属感。虽然新加坡已步入世界高收入水平国家行列，但在城市化发展进程中，小贩文化仍然保持着顽强的生命力，成为新加坡多元文化特色的一部分。

女：新加坡天气潮湿炎热，很多人没有在家做饭的习惯，在小贩中心吃饭成为他们日常的生活方式之一。小贩中心基本位于社区内或者交通位置便利的地方。价格也相对比较便宜，一般4～8新元（合20～40元人民币）就可以吃上一盘三道菜的盖饭或者一大碗面食，价格足够诱人。很多新加坡人把小贩中心当作“食堂”，就餐非常随意和方便，普通工薪阶层一般都能负担得起。

小贩中心建设对新加坡是两全其美的好事，其思路来源于对路边摆摊和街头游商的治理实践。我国的城市治理同样面临着新加坡曾经经历过的问题，新加坡小贩经营治理可以对我国的城市治理提供一些借鉴，包括以堵为疏，变分散为集中管理等，在为游商提供养活家人生计的同时，也为当地的社区居民提供了方便的日常服务。

案例链接：新加坡城市治理模式

新加坡是一个城市岛国，面积仅有728.3平方千米，人口570万，没有任何天然资源，同时，新加坡是一个独特的多元文化地区。

新加坡仅用了不到半个世纪的时间，从第三世界城市跨入第一世界城市。新加坡的人均国内生产总值从1960年的350美元（低于同区域的菲律宾），2020年达到58819美元，亚洲排名第一。

早在1985年左右，新加坡就已基本消灭贫民窟、种族村，也没有无家可归者。新加坡也常年被评选为亚洲最宜居的城市，他们在评估新加坡的宜居水平时，特别指出新加坡排名名列前茅的原因，主要是新加坡具有国际竞争力的经济活力、一流的基础设施（地铁、市内交通、通信和智慧城市等）、花园城市的良好环境、居者有其屋的住房保障以及良好的互联互通水平。

新加坡城市治理的核心经验是科学处理好规划、建设和管理三者的关系，新加坡以各项战略、制度和法律法规的严格执行为保障，真正做到了城市规划、建设、管理的有机衔接、协同发展。新加坡的城市治理经验可以总结为以下几个方面。

重要原则：建管分离。

“建管分离”是城市治理的一个重要原则，新加坡建立了一套比较成熟和完善的城市管理组织模式。在新加坡，城市规划、建设、管理分别由不同的相互独立的部门承担。

城市的总体规划由城市重建局负责，它为城市的建设和管理制定宏观的框架；城市建筑的单体设计和建设是由建屋发展局负责；城市管理工作主要是由国家发展部下的公园及康乐局和市镇理事会以及环境部下的环境卫生局负责。市镇理事会是新加坡城市管理的主体，它负责新加坡城市管理中绝大多数的日常管理工作。它的职责类似于城市社区物业管理，主要负责对公共环境进行日常的清洁工作、园林保养、日常与周期性的维修工程、社区改进计划、中期翻新计划、建筑物日常管理与定期维修服务等，而与物业管理不同的是它属于法定机构。上述各部门之间除了定期进行交流外，一般相互不干涉各自的职权范围，权责明确，便于城市管理规范化进行。

最大特色：法治化管理。

新加坡城市治理最大的特点就是完全法治化的管理，这也是新加坡成功的最重要经验。新加坡建立了一整套严格、完备、具体、周密、切合实际、操作性强的城市管理法规体系。国家对城市中建筑物、广告牌、园林绿化等城市管理硬环境的方方面面都做了具体的规定。

新加坡良好的城市环境很大程度上还依赖于渗透到城市管理方方面面的罚款制度。除了对严重违法人追究法律责任外，对轻微违法行为，新加坡大量采用罚款处罚措施，罚款程序明确具体，可操作性强，罚款数额大，足以使受罚者心痛从而不敢再犯。

有效方式：城市管理考评制度。

新加坡遵循一套可操作的城市管理考评制度，也是新加坡城市管理的一个有效方法。其考评项目非常体系化，对每项指标都有十分具体的评分标准。其考评项目主要分为城市硬件设施的维护管理和城市的清洁管理两大类，包括建筑物必须每五年粉饰一次，以及公共电器、卫生、电梯、娱乐设施、开敞空间、公共场所抽烟、吐痰、乱丢垃圾等方面的具体条款。

重要作用：公民参与。

城市管理中的公民参与正发挥着越来越重要的作用。因此，新加坡在城市管理中采取了多种促进公民参与的方法。如在市镇理事会中吸纳了很多普通居民。市镇理事会每2个月召开一次理事会会议，理事与居民共同商讨城市管理中的具体问题。可见，通过市镇理事会这样的组织，使得居民以城市管理者的身份进行参与，同时也使管理更加符合公众的需求。

本地生活让世界走进中国

女：这两年在海外，讨论最热烈的就是中国美食。中华美食作为弘扬中华文化、提升中国形象重要而生动的载体，走出去的广度和深度不断拓展，入口同时也逐渐入脑、入心。中华美食以及背后的情感、文化，经由华人华侨、留学生、游客以及千千万万网友传遍全球。

父：其实说起来，中国的美食很早就传播到国外去了，无论是千年之前的丝绸之路，还是近代华人在西方世界的传播，都在无形之中促使中华美食在世界范围内遍地开花。

西汉时期，东西方以丝绸交易为媒介进行文化交流。其间中华民族的一些饮食文化同样被带到了中亚、南亚以及欧洲，比如馒头、馕肉等食物。盛唐时期，万国来朝。西域、高句丽和日本扶桑等地方派人来唐朝经商、学习，将许多唐朝的文化当作珍宝传回国内。其中最典型的例子就是深受唐文化影响的日本，豆腐、面食以及诸多调料都是在那时传入日本。

一方面，元明时期，西方传教士涌入中国，将西方文化带了过来，同时也将中国的文化带回了欧洲，其中最著名的要算马可·波罗，他所著的《马可·波罗游记》影响了几百年来欧洲人对中国的印象。另一方面，明代郑和七下南洋，将中华文化传播到了遥远的东非、红海地区，将中华美食带出去的同时也带回来各种香料、农作物，引发近代华人出国打拼的热潮。

100 多年前，许多华人出国学习、经商，把美食带过去的同时，甚至将中餐馆开到了国外。这也是中国餐饮企业第一次在外国扎根。随着海外华人越来越多，出现了唐人街，中餐馆也成为国外当地一种颇受欢迎的产业。由此，为适应外国人的口味，改良版中餐不断涌现，左宗棠鸡、宫保鸡丁等都是在这一时期出现的。

到了改革开放的现代，中国餐饮产业不断壮大，出现了许多风靡全国的大品牌。这些大品牌在国内市场功成名就之后，纷纷远销海外，征战国外市场。从被全世界奉为“教母”的老干妈，到风靡美国的肉夹馍、在日本大受欢迎的兰州牛肉面，再到近几年驰名海外的餐饮巨头海底捞，均代表着中餐品牌逐渐走向国际化。

女：尤其近几年，中华美食在海外呈现出正宗中国味道，越来越受追捧，注重品味美食背后的文化，自制美食受到欢迎，网络的便捷性和猎奇性推动传播速度更快、类型更丰富等特点与趋势，而这些都成为美食传承传播者的着力点。

过去，海外中餐馆为了适应当地人需求对中餐口味进行了本地化改良，但由此也带来定位不明等问题。例如，很多法国人分不清中餐、越南菜甚至日料，随着在法华人数量的增加和中法交流的深入，更多法国人和“新移民”希望品尝正宗的中国味道，一批年轻的中餐从业者就此做出努力，并尝试在口味、环境等方面融入传统和现代的中国文化元素。

父：博大精深的中华饮食文化是中华灿烂文明的一部分，中国与各国之间的交流史也是各种美食交流的历史。随着中国餐饮产业的不断壮大，越来越多国内餐饮企业开始征战国外市场，大显身手。其中包括成功落地的海底捞、全聚德以及兰州牛肉面、张亮麻辣烫等餐厅。

女：在抖音海外版 TikTok 上，话题 #Chinesefood 的热度不断攀升，视频累计播放量达几十亿次。世界各地的美食达人也不停地加入创作中国美食的热潮当中。在 #Chinesefood 话题下，还有不少对海外中国零食、快餐的测评视频。不同于传统美食教学分享，这些视频往往是新奇而有趣的。

果冻、冰棒、糖果，许多来自我们童年时代的小零食，如今也成功吸引了 TikTok 上喜欢新鲜事物的 Z 世代年轻人。其中的一个网红就是螺蛳粉，螺蛳粉海外店的盛况通过短视频平台传播。视频网站上随便搜搜，就能看到一堆老外挑战螺蛳粉的视频。

螺蛳粉从街边小吃蜕变成为百亿产业，离不开传承、创新、严格管理和出色的宣传，也离不开柳州人自身的文化自信以及政府的大力支持。螺蛳粉就是柳州生活的代表之一，螺蛳粉代表柳州生活将柳州文化甚至中国文化传播到全球。

父：习近平总书记考察时指出，“加快构建中国话语和中国叙事体系，讲好中国故事、传播好中国声音，展现可信、可爱、可敬的中国形象”。今日中国是世界的中国，世界需要了解中国；中国需要世界理解，需要我们共同讲好中国故事。

女：当文旅不再是单向宣传，而是双向交流，甚至多向互联，才能获得真正的“生命”。有这样的情感传达，才是本地生活真正需要的，如果能做到这些，一个城市的本地生活也可以成为其与世界沟通、让世界理解中国的一个渠道。

父：文旅的意义，从来不是拉动消费这么简单。美国前总统奥巴马曾在一次演讲中表示：“旅行能够强化联系、激发改革、建立同理心。因为文旅在美国崛起时，扮演过多重角色。”

美国独立后，很多欧洲人仍觉得美国是荒蛮之地、文化沙漠。美国建国精英们迫切寻求建立自己的文化符号，以此凝聚新大陆人民形成国家共识。辽阔、自由、充满机遇的荒野，是美国显著有别于欧洲的特色。1872 年，美国成立了黄石公园，这是世界上第一座国家公园。当时欧洲人以为美国是保护生态，没想到背后还有强烈的文化动机。但今天，大多数欧洲人知道了“国家公园是美国最伟大的发明”。

20 世纪初，以福特 T 型车为代表的低价汽车，迅速飞入美国寻常百姓家。到了 1930 年，美国超过 90% 的家庭拥有了汽车。同一时期，为对抗大萧条，大基建成了罗斯福新政的重要内容。1938 年，66 号公路全线贯通，从五大湖畔的芝加哥横贯中西部，直达洛杉矶圣塔莫尼卡海滩。当越来越多的美国人开着福特上路开启一段段旅行时，他们目睹了国家公园的风景，荣誉感油然而生。那一时期，美国集中涌现了一批公路文学与公路电影。塑造美国国民精神的 66 号公路因此被称为“母亲之路”。

女：近年来，我们都能够看到国内人们对于生活品质的追求越来越强烈，这种热情的有增无减也表现在对传统文化的极大兴趣上，茶文化的再次兴起就是其中一个代表。很多的奶茶品牌开始在品牌营销中强调传统茶文化，年轻人每一次下单买奶茶的行为，不仅是对茶饮市场发展做出的一点小贡献，也是对中国茶文化复兴的一次传承。

父：2023 年“国际茶日”开始，文化和旅游部联动国际组织和中国驻外使领馆，依托海外中国文化中心和中国驻外旅游办事处，在全球 46 个国家举办“茶和天下”雅集活动，通过实物、图片、影像、表演等形式，吸引海外民众体验丰富多彩的中国茶文化，以茶为媒促进全球文明交流互鉴。

茶和天下，既诠释着天人合一的哲学理念，又蕴含着中华民族含蓄、和睦的共同价值观。“茶和天下”雅集活动中，茶文化展示与文学、音乐、舞蹈、美术、武术、美食、戏曲、非遗技艺等巧妙结合，让海外民众“穿越”至中国古代文人雅士的生活场景，近距离感受中华文明的无穷魅力和丰富内涵。

女：在中国的传统文化中，茶不仅仅是一种饮料，也是一种时间的计量工具。“一盏茶的工夫”由此而来，这种表述方式有悠久的历史和丰富的文化内涵。以茶计时，体现了中国人的智慧和独特的文化传统。茶，也是一种生活方式的诠释。在快节奏的生活中，我们常常会忽视时间的流逝，而品茶却让我们重新感知到时间的存在。茶已经深深地渗透到中国人的日常生活中，不仅是礼仪、文化、风俗的重要载体，更是中国人生活的重要组成部分。

父：茶是中国传统文化的象征之一，千百年来流传不衰。逐渐变化的生活方式让茶文化与现代生活相融合，成为人们日常生活中的一部分，在习以为常的生活里，茶文化以各种各样的表现形式，正与我们的生活相融合。

女：马上又要到农历新年了，春节，是世界观察中国的一扇窗，中国的文化传统在这里，时代的气质风貌在这里，创新开放的中国也在这里。在刚刚过去的春节假期，流动的中国，让世界看到了中国的活力，越来越多的文化会客厅，以多样的面孔，让世界感受到中华文化超越国界的魅力。

父：过去传统的文化会客厅，是读懂一座城、一种文化的媒介。它往往是一间剧场、一座美术馆、一种技艺、一处遗址，也或许是一江一海、一街一巷、一山一景。

随着文化品质的提高、文化边界的拓宽、文化创新的多元，今天的文化会客厅还可以是一个影视 IP、一尺舞台、一种潮流、一个视频 App、一个品牌，这就是一个地区人们真实的生活状态。

女：《三体》等中国科幻 IP 走出国门、国产影视剧圈粉海外、《风味人间》等纪录作品“墙内开花，墙外更香”……它们让世界读懂了中国“美人之美”“美美与共”的开放胸襟、“以和为贵”“和而不同”的东方智慧，也让中华文化在世界文化语境中找到了坐标与方位。

中国的青年演奏家正走向世界的舞台，爱上水墨丹青的外国友人来到中国学艺，曾经高冷的先锋艺术聚集地向中国艺术家敞开怀抱。2022 年，TikTok 以累计 6.72 亿次的下载量位居年度全球应用之首；海外市场同样成为《原神》等中国手游的一片“绿洲”。

父：是的，近年来，一张张文化的面孔，串联了中国与世界。数字传播技术在文化、艺术、教育、体育等领域搭建了诸多平台，文明交流互鉴的形式花样翻新，不断推动中国文化与世界文化的交流对话，激发起更广泛的参与热情。推开一扇扇文化会客厅之门，中国的文化传统可亲可感，当代中国的面貌也越发清晰。

文明需要交流互鉴，文化的多样化是与政治多极化、经济全球化、社会信息化同时呈现的时代特征。费孝通先生在他 80 岁生日时，曾提出文化自觉的 16 字箴言：“各美其美，美人之美，美美与共，天下大同。”这是一种文明交融的理想境界，它之所以广为流传，可能恰恰来源于它体现了一种广博的文化胸怀，这正反映了中华文明自古以来的美美与共、和合共生的辽阔文化胸襟。

面向未来，中国需要更多高品质的“本地生活会客厅”，向世界打开精彩、别致的窗口，把中华优秀传统文化的精神标识展示出来，把中华文化具有当代价值和世界意义的文化精髓展示出来。

课堂金句

1. 当文旅不再是单向宣传，而是双向交流，甚至多向互联，文旅才获得了真正的“生命”。
2. 如今的文化会客厅，就是一个地区人们真实的生活状态。
3. 一个城市的本地生活也可以成为其与世界沟通，让世界理解中国的一个渠道。

理论速读

第一堂课 概念

一、“本地生活学”的定义

本地生活学（Local Life Economic）是指在“城镇化”进程中，以城市地域生活方法论为分析架构，将本地生活方式嵌入更加具体的“产业空间”中进行本地生活产业化研究，本地生活学的产业范畴如图 1 所示。目的是超越城市二元的研究范式，探讨解决城镇化背景下的“生活产业化”问题。

二、“本地生活学”的特征

（一）独一性。“本地生活学”是个性与共性的统一，是在一定空间环境中形成的行为结果。

（二）传承性。“本地生活学”是城镇化水平发展到一定程度必然产生的现象，它是人类需求的产物。

（三）符号性。“本地生活学”是全民参与的城市符号学，带有一定的日常性、生活性和通俗性。

（四）产业性。“本地生活学”是将地域经济与生活方式关联分析，围绕区域居民生活资料供需关系形成的社会关系，强调将人的生活意识和生活行动转化为生产资料，成为产业发展元素和城市吸引符号，带动其他产业协同发展，以“本地生活 +”推动城乡资源统筹发展的循环模式如图 2 所示。

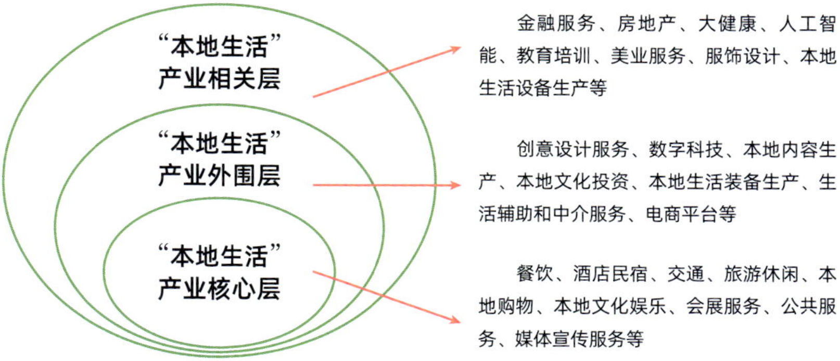

图 1 本地生活学产业范畴

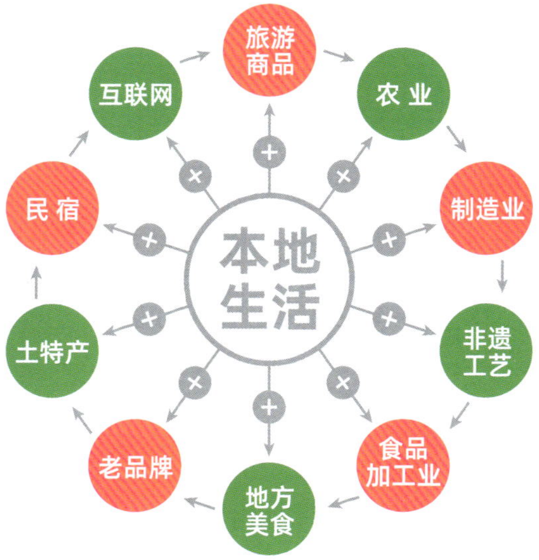

图 2 以“本地生活 +”推动城乡资源统筹发展循环模式

第二堂课 源流

一、本地生活与艺术学

艺术与生活密不可分，艺术常从生活中获得灵感的来源，先把这些艺术与生活相互激发的部分提取出来，作为生活中可以被艺术加以放大的有效素材。

二、本地生活与影视学

把日常生活的景象当作形象，电影视听语言就可以看作意象，而具有意象价值的电影视听语言则来自现实生活的提炼升华和象征转义。

三、本地生活与人学

近年来国内外哲学界都渐渐把关注的焦点集中在人和人学的问题上，本地生活更多强调的是人的主体意识和主观能动性。当今时代，知识、科技，尤其是人才的分量日渐突出，并日益为人们所重视。

第三堂课 危机

目前中国，传统意义上城市形态生活空间格局逐渐被打破。

一、街区传统性功能与文化的丧失

传统街区的符号传达着某种意义上的人体文化感知，正是这种与人的尺度相适应的传统街区往往是孩提时代的记忆，是可以“踢毽子”“跳皮筋”“过家家”居住生活的一部分，也是居住者室内生活的延伸。

二、“历史地段”与“景观文化丛”的丧失

城市改造的速度加快，城市景观丛的连续性正在被切割，导致典型的城市历史空间形成“文化断裂”。新景观取代了旧的景观体系，整体街区的历史感已经没有，甚至在多数城市中已经丧失。

三、建筑与居住空间文化的历史断裂

当代中国的城市建筑与居住空间逐渐丧失自己的本土性文化，失去了本土性的时代空间特色。

第四堂课 重构

一、城市更新概念

城市更新的本质，是在原有城市基础上不断迭代升级的过程，在原有城市上“建设”新城市的各种更新活动。其递进过程主要包含：城市空间结构、人居环境的不断优化；城市功能、治理能力不断优化；最终在城市存量发展的趋势下，实现城市内涵式增长。

二、未来社区赋能城市更新

2019 年，浙江省率先按下“未来社区”建设的启动键，在省政府工作报告中首次提出“未来社区”这一概念，并着手推进首批 24 个试点项目。

“未来社区”是以满足人民美好生活向往为根本目的的社区；是围绕社区全生活链服务需求，以人本化、生态化、数字化为价值导向，以未来邻里关系、教育、健康、创业、建筑、交通、能源、服务和治理等众多场景创新为引领的新型城市功能单元。

相较传统社区，未来社区更“以人为本”，注重满足居民对美好生活的需求及优质环境的打造，重视数字技术在社区建设运营中的应用及低碳生活方式和生产方式的实施。

三、场域导演营销学概念

“场域导演营销学”是以导演学和营销学理论为基础，针对当代人不同心理需求创建一种或多种特殊场域，用创意作种子，诗意作想象，通过空间氛围共情设计让游客借助消费行为完成特定的情感输出，应用跨界思维、交叉学科、营销手法、科技赋能，与游客共同成为创作者，一起输出更有说服力的情感密码，快速导入人流、物流、资金流、信息流，推动区域经济短期引爆，产生持续发展的涟漪效应。

第五堂课　形态

一、主要消费人群的生活形态特征

（一）“00 后”的生活形态：取悦自我是根本

“取悦自我”是“00 后”为兴趣消费的最主要原因，其次是对圈层背后的文化产生兴趣和获得治愈感。整体来看，“00 后”兴趣消费的背后，反映的是当下年轻新世代对悦己经济、疗愈经济、颜值经济和粉丝经济的需求。

（二）“她”与“他”的生活形态：追求颜值管理

年龄在 23—49 岁的男性和女性都在追求“颜值经济”，女性更多消费“内调”护肤美容产品和美容仪。男性更加追求从头到脚的精致感。

（三）银发族的生活形态：积极走向户外

银发族正在积极走向户外，更加关注自身的健康状况和自然生命的享受，对于散步、跑步、垂钓、户外摄影等基础运动消费品需求普遍旺盛。

二、本地生活形态构造城市生活圈

（一）城市生活圈的基本概念

打造城市生活圈的目的是探索在高密度城市中创造更加宜居便捷的城市生活规划方法，倡导“以人为先”的城市生活理念。城市生活圈有三种考量维度，包括时间维度、空间维度、概念维度。

在时间维度上依据服务效率的时空范围有 5 分钟、15 分钟、30 分钟、1 小时、1 周等时间尺度范畴的提法。

从空间维度考量，主要体现生活服务设施规划在服务城市空间尺度范围上的区分。

城市生活圈在功能维度上，突出了便民生活服务设施的规划建设。

（二）城市生活圈的规划原则

重视对“人”的关怀，应以人的活动和需求为核心。

倡导“社区 +”理念，建立宜居、宜业、宜游的生活网络。

培育文脉精神，加强生活圈文化活动的培育和品牌塑造。

（三）城市生活圈的文旅价值

城市生活圈突显了城市休闲慢节奏，提供沉浸式微旅行体验，优化城市旅游产品的“诗和远方”。

城市生活圈串联了城市业态，并联生活场景，深度挖掘文旅融合消费价值潜力。

构建居民与游客间的主客交往互动，打造主客共享的城市文化理念，增强本地居民对于城市的自豪感和幸福感。

三、以场景理论营造城市本地生活

“场景营城”的理念肇始于纽约、伦敦、东京、芝加哥等国际都会。场景理论核心人物多伦多大学丹尼尔·A. 希尔教授指出，场景是由硬件设施和软件系统构建的一个系统，主要有社区、建筑、人群、文化活动和公共空间五大构成要素，其中，硬件包括建筑与空间，软件主要是指这些设施与活动背后所体现的审美趣味、价值观、生活方式和体验等文化性要素。

第六堂课 融合

本地生活与旅游融合不是简单的本地文化资源与旅游资源的叠加，而是通过深入挖掘本地文化内涵、生活方式等核心内容，并将这些元素融入旅游产品和服务中，打造具有独特魅力和市场竞争力的城市品牌，本地生活与旅游互融的路径如图 3 所示。

“本地生活学”价值衍生。通过“本地生活 +”或“+ 本地生活”等手段跨界融合，实现“城市本地生活”产业的重塑。新物种、新业态的培育链接，丰富本地生活载体，彰显本地生活的产业表现效益。

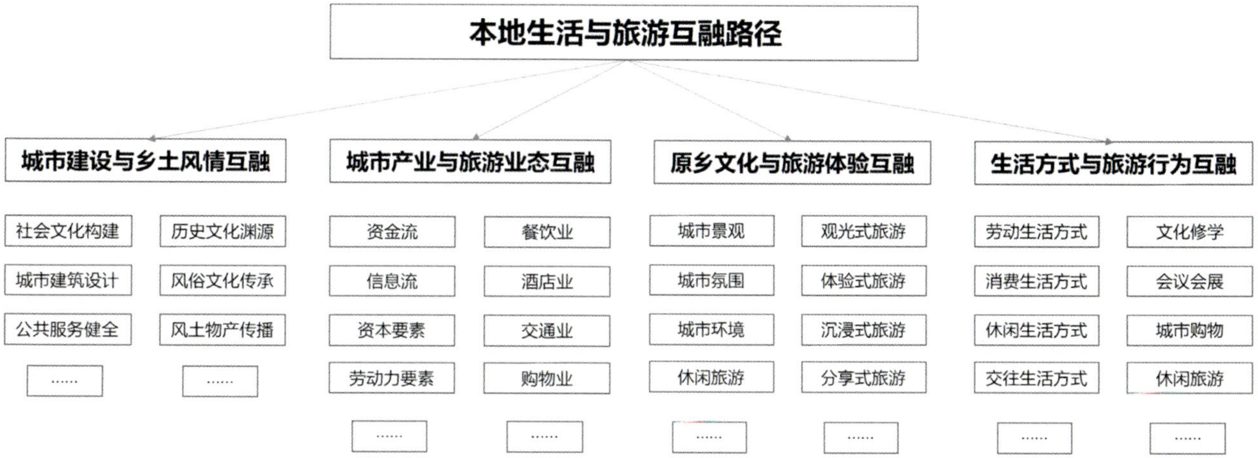

图 3 本地生活与旅游互融路径

第七堂课 产业

一、颜值经济产业

年轻人对消费主义越来越警惕，厌倦那些被过度包装的概念和被定义的生活方式。在观念上更加自信，更能接受真实自我，也认识到通过努力获得的美丽也值得称赞。

二、新懒人经济产业

新懒人经济是指为了追求便利和高品质生活体验，消费者愿意为节约时间和人力成本买单的新消费趋势。在新懒人经济中，消费者更加青睐那些能够减少重复性家务劳动和提高工作效率的产品和服务。

三、搭子经济产业

随着社交媒体的普及和生活节奏的加快，越来越多的年轻人感到孤独和需要建立更多的社交关系。通过“搭子”，轻松找到共同兴趣爱好的人，来获得社会认可度和自尊心的提升。

四、休闲经济产业

随着生活水平的提升，休闲生活、休闲行为、休闲需求、休闲消费成为新一轮经济大潮，席卷世界各地。

（一）城市发展休闲经济战略谋划

一要敢于秀出国际范儿，二要争取政策牌照，三要营造艺术空间，四要打造节庆资产。

（二）城市发展休闲经济招商对策

一是重视复购市场，二是引导健康休闲，三是精准龙头招商，四是鼓励创新创业。

（三）城市发展休闲经济运营建议

在资本资金导入层面，由政府主导、市场参与、民间聚力，通过政府资金主导、开发资本引领、金融资本支持、产业资本汇聚、百姓资本参与，为当地休闲经济发展注入资本。

在招募运营机构层面，政府发起设立用于休闲经济集合营销的专项基金，运营基金或专项资金由政府向社会公开招募第三方专业管理机构，进行以年度为单位的委托管理。

在开展运营活动层面，除固定“地方节庆品牌”打造和运营外，运营机构可与各产业载体、大型休闲商业机构合作，整合政府和市场的两种力量，开展各种导流活动。

第八堂课 引爆

一、本地生活营销的关键

（一）营销需要系统化传播

精确定位找准强记忆点，继而通过大渗透式的传播、多层次的互动、源源不断的曝光，让公众对 IP 形象产生深刻的认知。

（二）打造核心文化产业闭环

持续不断地经营和推广所在地的核心价值，打造文化产业闭环，才能让 IP 真正根植人心。

二、城市推广本地生活行动

（一）打造热点符号，塑造本地形象

深度挖掘旅游目的地的内涵文化和核心特征，打造能够代表旅游目的地价值观念的符号，为游客提供“打卡点”。

（二）多元主体共动，善用媒体矩阵

联合公域和私域流量，结合自身特质并洞察游客需求来打造“网红爆点”，自主创造网络流量；采取针对性举措，进一步拓展网红原始要素使其形成稳定 IP 的同时，善用媒体矩阵实现积极宣传效果。

（三）注重互动体验，激发情感共鸣

运用新媒体平台与游客多交流，增强主客互动，用“情”对话，推动群体间情感渲染并形成情感共鸣。

第九堂课 治理

一、治理理念从单纯管理到服务人民

从淄博和哈尔滨现象，可以看到政府开始把管理彻底转变成为人民服务，从管理城市转变为服务城市。

从中可以总结出三点经验。

强化了服务意识，将目光聚焦于市民的需求和利益，不断改进服务，提高服务质量；

加强了社会共治，让市民参与城市管理的过程中，共同解决问题，推动城市管理的升级；

注重科技创新，运用现代化科技手段，提高城市管理的效率。

二、城市治理模式从局部分包到全域覆盖

1.0 分包管理模式：以政府作为城市管理活动的唯一主体，以权力控制、行政命令、制度约束作为主要手段。

2.0 物业城市模式：以物业管理为主要手段的城市管理模式，把城市看作一个“大物业”，将物业管理的系统性思维和流程管理能力融入城市治理服务。

3.0 景区城市模式：通过将城市按照景区打造的手段，构筑“产 + 城 + 人 + 景 + 文”的有机融合发展共同体。

三、城市治理主体从政府主导到全民参与

一个好的城市治理体系，一定是包括政府部门和市民等社会力

量在内的多元共治的协商、对话、妥协的互动系统。

四、城市治理范式从传统化到智慧化

推进城市治理智慧化，第一，要积极落实推进国家治理体系和治理能力现代化战略。第二，要加大统筹布局与体系化推进力度。第三，要继续拓展“互联网＋城市服务”体系。第四，要加强信息资源开发利用水平。第五，要进一步提升城市治理的社会参与度，全面推进城市治理智慧化体系建设。

第十堂课　未来

“本地生活学”让本地生活在新消费社会中焕发生机和活力。通过生活产品和服务，更多人得以深入了解和体验本地的生活魅力，从而增强对地方的认同感和尊重。

参考文献

[1] TAO Changjiang. Development Efficiency of Leisure Agriculture Based on DEA Model in the Background of Rural Revitalization[J]. Revista de Cercetare si Interventie Sociala,2019.

[2] Younhee Kang,Eliza Lee. Quality of Life and Its Factors in Korean Elderly With Mild Cognitive Impairment[J]. Clinical Nursing Research,2018.

[3] Leng Leng Thang. Experiencing Leisure in Later Life: A Study of Retirees and Activity in Singapore[J]. Journal of Cross-Cultural Gerontology,2005.

[4] 钱征寒，刘泉，黄丁芳 .15 分钟生活圈的三个尺度和规划趋势 [J]. 国际城市规划，2022（5）:63-70.

[5] 欧阳慧，李沛霖 . 东京都市圈生活功能建设经验及对中国的启示 [J]. 区域经济评论，2020（3）：99-105.

[6] 北京城市副中心公共服务圈规划设计导则 [R]. 北京: 北京市规划和自然资源委员会，北京市城市规划设计研究院，2017.

[7] 何佳 . 从“物业城市”到“景区城市”[EB/OL].[2024-5-20].https://mp.weixin.qq.com/s/krV1LxgRpEepHoCGE1PG8A.

[8] “物业城市”创新城市治理——横琴新区城市管理模式解读 [J]. 城乡建设，2021(19) .

[9] 吴良镛 . 吴良镛学术文化随笔 [M]. 北京：中国青年出版社 ,2001:223.

[10] 樊星，吕斌，小泉秀樹．日本社区营造中的魅力再生产——以东京谷中地区为例 [J]. 国际城市规划，2017(3):122-123.

[11] 丹尼尔·亚伦·西尔，特里·尼科尔斯·克拉克．场景：空间品质如何塑造社会生活 [M]. 北京：社会科学文献出版社，2019（1）:21-25.

[12] 刘旭颖．那些被疫情改变的旅游消费趋势 [N]. 国际商报，2021.

[13] 阿里巴巴战略发展部贵州总经理李懋．积极促进实体经济数字经济深度融合 [N]. 贵州日报，2023.

[14] 钟泓．提升旅游城市服务品质增强人民幸福感 [J]. 当代广西，2022(9).

[15] 冯晓华，黄震方．新时代旅游美好生活内涵建构与实现路径 [J]. 社会科学家，2021(7).

[16] 戴斌．数字时代文旅融合新格局的塑造与建构 [J]. 人民论坛，2020(Z1).

[17] 冯晓华，黄震方．游客对生活型旅游的认知及行为意向研究 [J]. 地理与地理信息科学，2019(3).

[18] 戴斌．文旅融合时代：大数据、商业化与美好生活 [J]. 人民论坛·学术前沿，2019(11).

[19] 苗龙．我国城市居民休闲消费发展现状、阻碍及突破 [J]. 商业经济研究，2020(5).

[20] 杨国良．城市居民休闲行为特征研究——以成都市为例 [J]. 旅游学刊，2002(2).

[21] 王刚，姜璐．为文化“加码” 为旅游“赋能”[N]. 宁夏日报，2019.

[22] 龚喜杰，庄啸 . 以数字赋能推动新和文旅产业发展 [N]. 阿克苏日报（汉），2020.

[23] 张玉来，李明 .“旅游 +”背景下的民俗旅游纪念品设计研究 [J]. 今日财富，2020.

[24] 朱琳 . 文旅融合下文化遗产与旅游品牌建设探讨 [J]. 当代旅游（高尔夫旅行），2018.

[25] 刘玲 . 旅游产业的营销与发展 [J]. 文化月刊，2016.

[26] 徐蒙，徐平平，方娜 . 在线旅游平台的赋能效应、现实问题与突破路径 [J]. 企业经济，2022(10).

[27] 朱蓓琳 .“数字人文 +”智慧文旅应用产品的功能展望 [J]. 图书情报工作，2021(24).

[28] 王露瑶，程金龙，周瑞雪 . 我国智慧景区建设的现状及思考 [J]. 四川旅游学院学报，2014(4).

[29] 王秀琴 . 数字经济背景下城市文旅融合的发展路径探析 [J]. 西部旅游，2023(8).

[30] 刘思羽，唐建 . 老城工业遗产区转型文化创意园研究 [J]. 低温建筑技术，2023(1).

[31] 孔奕丹，李昕颖，冷依婧 . 城市更新视域下后工业景观再生设计研究——以景德镇陶溪川文化创意园为例 [J]. 城市建设理论研究（电子版），2023(25).

[32] 张俊 . IP 在文化产业链中的价值流动规律研究 [J]. 科技与出版，2017.

[33] 沈则瑾 . IP 提供旅游业转型新动能 [N]. 经济日报，2017.

[34] 唐子来 . 新加坡的城市规划体系 [J]. 城市规划，2000(1).

[35] 卓拉 . 欧洲经济危机背景下的西班牙旅游业发展对策 [J]. 中国管理信息化，2014(3).

[36] 贾云峰 . 本地生活学——城市高质量发展新方法论 [N]. 新华网，2023-04-11.

[37] 贾云峰，旅游创新传播学 [M]. 北京：中国旅游出版社，2011:106-108.

[38] 贾云峰，王晟 . 老家的时光 [M]. 北京：中国旅游出版社，2013:112-116.

[39] 祝善忠，贾云峰 . 营销中国 [M]. 北京：中国旅游出版社，2013:222-223.

[40] 贾云峰，刘磊 . 夜经济新模式 [M]. 北京：中国旅游出版社，2023：117-119.

[41] 贾云峰 . 信阳美食传奇 [M]. 北京：中国旅游出版社，2022：383-386.

[42] 贾云峰，洪嵘 . 食至名归 [M]. 北京：中国轻工业出版社，2022：138-142.

责任编辑： 刘志龙
责任印刷： 闫立中
装帧设计： 崔学亮
内文排版： 崔学亮 石海馨 郭高祯

图书在版编目（CIP）数据

本地生活学：00后女孩给老爸上的十堂文旅课 / 贾云峰，贾听鹂著. -- 北京：中国旅游出版社，2024.12. -- ISBN 978-7-5032-7495-4

Ⅰ. C913.3-49

中国国家版本馆CIP数据核字第2024ZN4259号

书　　名： 本地生活学：00后女孩给老爸上的十堂文旅课

作　　者： 贾云峰 贾听鹂 著
出版发行： 中国旅游出版社
（北京静安东里 6 号　邮编：100028）
http://www.cttp.net.cn　E-mail: cttp@mct.gov.cn
营销中心电话：010-57377103，010-57377106
读者服务部电话：010-57377107
排　　版： 德安杰环球顾问集团
印　　刷： 北京工商事务印刷有限公司
版　　次： 2024年12月第1版 2024年12月第1次印刷
开　　本： 890毫米x1240毫米　1/32
印　　张： 9.25
字　　数： 132千
定　　价： 88.00元
I S B N　978-7-5032-7495-4
